지금도 꿈을 꾼다
태양의 열정으로

초판 1쇄 발행 2013년 9월 1일
　11쇄 발행 2025년 2월 20일

| 지 은 이 | 홍갑표
| 발 행 인 | 이복형
| 발 행 처 | 재단법인 중남미문화원
| 주　　소 | 경기도 고양시 덕양구 대양로 285번길 33-15 (고양동)
| 전　　화 | 031-962-9291/7171
| 팩　　스 | 031-964-8218
| 홈페이지 | www.latina.or.kr
| 출판등록 | 2013년 3월 29일
| 편집·디자인 | 새담디앤피
| 제본 | 과성제책사

ISBN 979-11-950871-0-5

정가 13,000원

※ 저자와 협의하여 인지는 생략합니다.
※ 저작권법 제136조(권리의 침해죄)에 따라 위반자는 5년 이하의 징역 또는
　5천만 원 이하의 벌금에 처하거나 이를 병과할 수 있습니다.

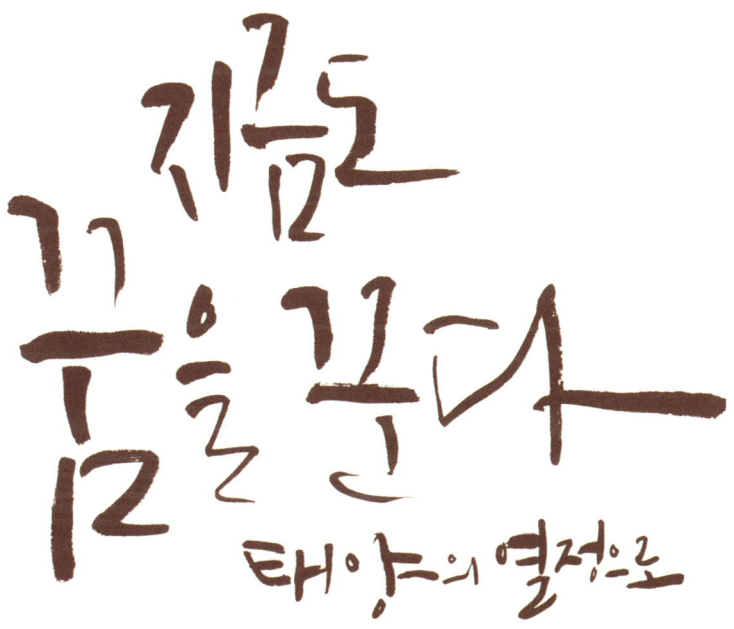

홍갑표 지음

목 차

주춧돌(定礎)을 놓으며   11

나의 남편, 영원한 외교관   19

나의 가족사   31

관세음보살, 나의 어머님   37

불교 신자가 예수를 믿게 된 사연   43

대한민국 여자 신문팔이 제1호   49

피난지에서 꽃핀 사랑   55

오직 남편에게 바친 열정   63

오로지 실력으로 이룬 외교관의 꿈   71

순발력이 낳은 경영 마인드   77

가발과 속눈썹으로 엄청난 외화를 벌다   83

동네 노인들과 막걸리 한 잔   91

충남, 서산 나무골을 돌며   97

사라진 운보의 그림   103

외교관 부인 노릇하기 고달파도	107
코스타리카 기도회	115
자살 직전의 교민을 일으켜 세우다	125
빼앗긴 나의 생일상	131
유일하게 정부 표창 받은 대사 부인	137
보물이 된 쓰레기	145
바보의 발상	155
너덜거린 노트에서 태어난 박물관	163
KBS '아침마당'에서 흘린 눈물	171
미술관 개관과 함께 닥친 IMF의 시련	183
오직 꿈을 꿀 때, 고통을 이겨낼 수 있다	191
멈추지 않는 전진	203
중남미문화원의 어제와 오늘, 그리고 내일	217

책머리에

　누구에게나 책임져야 될 인생의 몫이 있고, 지고 살아야 하는 짐이 있다고 봅니다. 나는 팔순이 된 지금에서야 어느 정도 내 몫을 다하게 되어 그 짐으로부터 자유로워지고 싶어 내 인생을 회자정리(會者定離)하는 의미에서 책을 낼 용기를 갖게 되었습니다.

　중남미문화원을 개원한지 20년이 된 이제는 문화원이 튼튼한 반석 위에 서게 되었습니다. 많은 분들로부터 중남미문화원에 대한 찬사를 받고 있어 자긍심을 갖게 되었지만, 그 뒤에는 숱한 역경을 헤쳐 나오면서 뼈저린 고통도 함께 했었습니다.

　내가 책을 내는 큰 이유는 중남미문화원이 영원한 생명력을 보존하기 위한 것이라 유언이나 다를 바 없고, 또한 젊은 사람들에게 꿈을 가지고 끝까지 도전한다면 언젠가 꼭 이루어진다는 확신을 주기 위해서입니다.

　내 인생의 땀과 눈물이 배어 있는 중남미문화원은 문화원을 아끼고 사랑하는 모든 분들의 것입니다.

하나님의 크신 축복으로 이룩된 중남미문화원을 위해 나는 생명이 다하는 날까지 열심히 일하겠습니다.

　내 삶의 영원한 동반자로서 고락을 함께 해 준 남편 이복형 원장과 비영리 공익문화재단으로 중남미문화원을 사회에 환원할 때, 부모의 뜻을 이해하고 적극 지지해 준 아들과 며느리, 딸에게 고맙다는 인사로 내 마음을 전합니다. 그간 중남미문화원을 세상에 알리는데 도움을 주신 분들께 깊이 감사드리며, 중남미문화원을 아끼고 사랑하는 모든 분들께 삼가 이 책을 바칩니다.

재단법인 중남미문화원 설립자

홍갑표

슬기롭고 값진
문화의 보석
중남미문화원

문화는 지팡이를 필요로 한다. 의지할 페트론(Patron)이 없으면 홀로 서기가 힘들기 때문이다. 세계의 유수한 박물관들도 알고 보면 예술 애호가들의 개인 컬렉션에서 비롯된 것들이 많다. 문화부가 생기고 내가 그 일을 맡았을 때 가장 먼저 시작한 것이 문화의 페트론 만들기였다. 재력과 권력이 있는 기업인이나 정치인들 그리고 문화를 사랑하는 시민들이 고리쇠가 되어주는 길을 닦기 시작한 것이다.

우선 규제 일변도의 법부터 고쳐 누구나 뜻만 있으면 쉽게 박물관을 지을 수 있도록 하자는 것이었다. 그렇게 되면 개인의 골동품이나 예술품들이 만인이 찾고 즐기는 공중의 전시품으로 빛을 발하게 되기 때문이었다. 법이 개정되자 과연 많은 박물관과 미술관이 생겨났다. 새로 태어나는 보석처럼 빛나는 사설 박물관을 방문할 때마다 나는 마음속으로 모자를 벗고 깊은 경배를 드렸다. 그러나 중남미문화원 박물관을 방문했을 때는 모자를 벗는 것으로 끝나지 않았다. 오히려 부끄러움이 앞섰다.

내가 새 박물관 법을 만들면서 상상했던 세계는 기껏 한국의 문화를 보존하고 공개한다는 울타리 안의 꿈이었다. 그런데 고대의 마야문명으로부터 시작해서 오늘의 중남미 문화에 이르기까지 내 눈앞에 펼쳐지는 파노라마는 공간과 시간의 울타리를 훨씬 뛰어넘은 문화의 위대함이요, 소중함 그 자체였다. 더구나 그것을 한 개인의 힘으로 해 낸 것이다. 메소아메리카의 마야(Maya), 아즈테카(Azteca), 쪼로테카(Chorotega), 토기(Terra-Cota)와 석기, 공예품, 가톨릭을 받아들인 식민지의 종교화와 조각, 골동가구 등 참으로 다양하고 이채로웠다.

문화적 차원만이 아니다. 외교적 차원으로 보나 국부의 경제적 차원으로 보나 분명 그것은 기적이 낳은 값진 구슬이었다. 때묻지 않은 인간의 원체험이 거기 있었고, 우리가 우리의 문화를 소중히 여기는 것과 똑같은 생명력이 때묻지 않은 신선한 고원의 바람으로 불고 있었다. 내 상상의 카탈로그에는 없었던 중남미 박물관을 돌아보면서, 그 때의 법 개정이 나도 모르는 사이에 이처럼 아름답고 당당하게 서있는 박물관의 한 작은 주춧돌이 되었다고 생각하면서 보람을 느꼈다. 잠시나마 교단을 떠나 장관직을 맡았던 그 날들이 내 생애에서 결코 욕된 것만은 아니었다는 생각이 들었다.

전 문화부 장관
이 어 령

주춧돌(定礎)을 놓으며

새벽 3시면 어김없이 눈이 떠진다.

아무도 일어나지 않은 텅 빈 고요 속에서 나 자신을 들여다본다. 이렇게 묵상의 시간을 가져오기를 40여 년이 되었다. 이 시간에는 어김없이 하루의 어록, 아니 내 인생의 지표가 되는 좌우명을 기도하는 심정으로 중얼거린다.
'내 인생의 목표는 풍성하게 소유하는 데에 있지 않고, 풍성하게 존재하는 것이어야 한다.'

1967년, 남편은 멕시코 대사관 일등 서기관 겸 영사로 발령받았다. 아즈텍 족의 인디오 문명이 발생한 곳이다. 멕시코시 밑에 아즈텍의 유적지인 제국의 수도 테노치티틀란

(Tenochtitlan)은 16세기 세계 최대 도시 중 하나였다. 16세기 이전 역사의 자취를 바라보며, 위대한 역사는 소멸되지 않고 영원히 존재한다는 깨달음을 얻었다. 이곳 멕시코에서 미래의 내 모습을 예지했는지 모른다.

1970년, 남편이 외교관으로서 첫 발령지였던 멕시코에서 근무하고 돌아온 해였다. 경기도 북부지역 고양동에 위치한 땅을, 평당 삼백 원에 사천 평을 구입하였다. 당시 나와 가까운 사람들은 이해할 수 없다며 극구 말렸다. 1968년 북한에서 남파한 김신조를 비롯한 무장공비들이 청와대 부근까지 침투한 사건이 발생하여, 북쪽지역 땅은 재산가치가 없는 죽은 땅이나 마찬가지였기 때문이다.

노후에 농장을 하고 싶은 나의 굳은 의지 하나로 반대를 무릅쓰고 구입한 땅은, 돌밭에 불과한 그냥 땅이 아니었다. 운명적으로 우리 부부와 조우한, 오늘의 중남미문화원 터전이 된 땅이다.

나의 남편 이복형 대사가 30여 년 간 중남미 지역에서만 외교관으로서 천직을 다 하는 동안, 나는 벼룩시장에 나온 유물들을 찾아 다녔다. 자연과의 조화, 시간의 흐름을 무한에 연결시킨 것처럼 보이는 마야의 유물, 테노치티틀란의 아즈텍 유물과 잉카제국 유물들은 아득한 옛날의 독특한 민족 역사의 숨결을 뿜어내며 내 혈관을 통해 맥박을 뛰게 했다. 그 유물들을 보는 대로 미친 듯이 수집해서 우리나라에 수십 번을 들락거리며 고양동 농장에 모아 놓았다.

하나님은 나로 하여금 중남미문화원을 설립하도록 예비해 두셨던 것 같다. 모든 기회와 준비가 이미 어머니 태내의 양수 속에서 중남미 문화유산과 나의 탯줄이 이어져 숨 쉬며 살았는지 모른다. 하나님이 내게 내려주신 사명이자 축복이라고 믿으며 감사의 기도를 드린다.

1993년, 재단 설립과 동시에 문화원의 방대한 자산은 나를 포함한 우리 가족들의 손에서 떠나 사회로 돌아갔다. 사람이란 누구를 막론하고 재산에 대한 욕심이 왜 없겠는가. 방대한 재산을 사회에 내 놓는다는 것은, 내 개인의 소망 만으로만 이루어 질 수 없는 가족 간의 합의가 절대 필요했다. 생존적 소유 이상을 나누어 가질 줄 아는 큰마음으로 남편은 물론 아들, 며느리 역시 같이 뜻을 모았다.

재물에 집착하면 그것이 곧 자기 자신을 구속하는 사슬이 되고, 불행의 씨앗이 된다는 삶의 지혜를 실천한 나의 가족들이 매우 자랑스럽다.

중남미문화원 박물관에 진열된 역사 유물들을 포함한 수천 점의 전시품들은 개인적인 소유의 대상이 아니다. 모든 사람들과 공유하는 자산이 되면서 나와 가족들은 새롭게 탄생한 역사적 원년이 되었다. 앞으로 이 문화원과 함께 영원히 역사 속에서 살아 숨 쉬며 남을 것이다.

이곳의 나무 하나, 벽돌 하나, 문짝, 계단, 길 하나하나에도 이 자연의 청정함이 예술적으로 조화를 이루도록 가꾸었고, 동선 하나에도 심혈을 기울였다. 나의 땀과 열정이, 아니 나의 혼이 담겨 있지 않은 곳이 없다.

어려서부터 오늘에 이르기까지 나는 참으로 치열하게 살아왔다. 그것은 태어나면서부터 내게 주어진 운명이기도 했다. 많은 위기가 닥쳤지만 나는 그때마다 순발력을 발휘해 혼신의 힘을 다해 헤쳐 나왔다. 말하자면 베틀에 앉아 베만 짜는 것이 아니라 색깔을 넣고 무늬를 만들며 창조적으로 나의 인생을 직조(織造)하며 살았다.

1994년 박물관을 개관하고 뒤이어 미술관과 조각공원, 종교전시관, 세라믹 벽화와 연구소를 차례로 만들어 나갔다. 이 과정 속에서 재정적인 문제와 나의 순진한 이상에서 비롯된 사무

적 무지, 그리고 행정 절차와의 충돌 때문에 나는 고통과 분노 속에 빠져들기도 했다. 하지만 내가 하는 일 자체가 좋았기 때문에 나는 미친 듯이 난관을 극복해 나갈 수 있었다.

돌이켜 보건대 IMF사태를 지나는 동안은 가장 큰 위기의 순간이었다. 박물관과 미술관을 짓기 위해 융통했던 자금이 예상치 못했던 1998년 IMF사태가 발생하면서 24%나 되는 엄청난 이자와 원금상환 독촉으로 문화원의 존립을 위태롭게 했다. 결국 담보로 삼았던 내 개인 소유의 땅도 헐값에 경매로 넘어갔다. 문화원은 살렸지만 몸은 병들고 마음은 지옥이 되어, 한때나마 박물관 건립을 후회한 적도 있었다. 한국 사회에서 외교관 출신의 은퇴한 공무원이 외부 도움 하나 없이 개인 재산으로 문화 사업을 한다는 것이 얼마나 무모한 것인지 뼈저리게 체험한 순간이었다. 그러나 이곳을 찾아와 둘러보며 감동하고 즐거워 행복해하는 사람들을 볼 때마다, 고통스러워 지옥 같던 시절은 한낮의 이슬처럼 증발해 버린다. 그리고 다시 태양처럼 열정으로 뛰어 다녔다. 현재도…….

'호사다마(好事多魔), 도고마성(道高魔盛)'이라 했던가. '좋은 일을 하려면 극복해야 할 장애가 많고, 높은 도를 닦으려면 큰 어려움을 극복해야 한다'는 뜻처럼 내게 닥친 고난과 고통은 많았다. 하지만 그럴수록 뼈를 깎는 깨달음을 얻어서 갈등과 고통을 잠재우고 더욱 강한 투지와 인내심을 키웠다.

　일에 대한 불꽃같은 투지와 열정은 무엇이 되기 위해서가 아니었다. 내가 좋아서, 미쳐서 한 일이다. 만약 명예나 재산 증식을 위한 일이었다면 아마 예전에 두 손 들고 포기했으리라.

　중남미문화원을 건립하고 오늘에 이르기까지 가장 가슴 아픈 일은, 30여 년 간 외교관으로서 열심히 일한 남편의 퇴직금을 일시불로 받아 박물관 건립에 모두 써버려서 매달 나오는 연금을 한 번도 받아보지 못했다는 점이다. 그 좋아하는 골프도 못 치고 미식가인 남편에게 따로 식사를 못 챙겨주고, 직원들과 같이 식사를 대충 때울 때마다 아내로서 가슴이 짠하게 아파온다.

　꿈을 갖는 데는 돈이 들지 않는다. 나는 꿈을 꾸었고, 그 꿈이 나를 이끌어 오늘의 나를 만들었다.
　어느덧 내 나이 팔순. 우리 부부 문화원 운영에 혼신을 다하다 보니 환갑, 칠순, 팔순 잔치를 해본 적이 없다. 그러나 문화원을 찾아주는 어린이들과 젊은이들이 눈을 반짝이며 즐겁게 관람하는 모습을 볼 때마다, 내 선택이 헛되지 않았음을 확신하게 된다.
　문화는 나눔이다. 결코, 소유가 아니다.

이곳, 중남미문화원이야말로 그 나눔의 결과물이고 증거다. 이 글을 통해 꿈을 향한 집념과 열정이 높은 현실의 벽 앞에서, 좌절과 어려움을 겪는 젊은이들에게 작으나마 희망과 용기가 되기를 바란다.

문화원 20주년을 맞이해서, 그 누구에게도 하지 않았던 이야기를 젊은이들에게 들려주고 싶어 이 글을 쓴다. 나의 이 글은 유언이며, 우리 중남미문화원을 사랑하는 모든 이들에게 하는 약속이 될 것이다.

나의 남편, 영원한 외교관

남편은 매일 아침 6시면 일어나 제일 먼저 작업복으로 갈아입고 손에 장갑을 끼고 머리에는 작업모를 쓰고 조각공원으로 나간다.

가을, 겨울이면 푸르스름한 여명 속에서 봄, 여름이면 떠오르는 해를 맞이하며 하루 일과를 시작한다. 어제는 저쪽 나무들을 손질했으니 오늘은 이쪽 잔디를 깎을까? 오전에는 정원사로 가지치기를 하고 오후에는 청소부로 변신해서 어린이들이 흘린 과자껍질, 껌 종이 하나라도 줍는다. 부드러웠던 손이 갈퀴처럼 거칠어졌으면서도 자기 자신은 유노동 무임금이라며 껄껄 웃곤 한다.

외부 기관에 초청 강의를 다녀온 후 받은 강의료로 잔디 깎는 기계를 사 가지고 와서는 아이처럼 좋아한다. 하루 종일 힘든 줄도 모르고 일하다가 밤이면 허리와 무릎 통증으로 괴로워하지만, 다음 날이면 언제 그랬냐는 듯 젊은이 이상으로 왕성하게 일한다.

비 오는 날이 제일 좋다면서 비를 추적추적 맞아가며 비료를 주고 봄이면 꽃을 심고 물을 주고, 가을이면 낙엽을 쓸어 모아 치우는 일, 겨울이면 눈 치우는 일을 비롯해 이것저것 가리지 않고 일을 하는 막일꾼이 된다.

한바탕 아침 일이 끝나고 나면 인터넷으로 외신을 검색하고 평생 빠짐없이 쓰는 일기도 쓰고 국내외 문화, 외교 관계 기관에 글도 쓰고, 중남미 참고 서적과 자료를 찾아 독서도 하는 등 항상 꾸준하고 정열적이다.

문화원에 중남미를 비롯한 외국 국빈이나 손님이 방문하면, 정장으로 멋지게 차려 입고, 유창한 영어, 스페인어, 일본어로 문화원 내의 박물관, 미술관, 조각공원, 종교관과 벽화와 연구소까지 이곳저곳을 안내하며 열정적으로 설명한다. 남편이야말로 현역 시절에는 대한민국을 대표하는 외교관으로서, 오늘날에도 중남미문화원장이라는 민간 외교 사절로서 변함없이 진정한 애국을 실천하고 있다.

1994년 방송된 'KBS 일요스페셜'에서는 은퇴 후에도 문화원을 통해 민간 외교를 실천하는 남편을 '영원한 외교관'이라 칭해 주었다. 외교관으로서 갖춰야 할 중요한 덕목은 투철한 국가관과 직업의식이라고 생각한다. 그런 의미에서 볼 때 남편은 외교관으로 만점에 가까운 사람이다. 남에게 베풀기를 좋아하고, 다방면의 지식을 가져서 누구를 만나더라도 대화의 화제가 풍부해 친교가 잘 된다. 자신의 사적 이익에는 천성적으로 무관심한 타고난 외교관이며 공직자다.

남편은 멕시코 일등 서기관 겸 영사를 시작으로 중남미와 인연을 맺으며 외교관으로 출발했다. 그 후 1972년 스페인 대사

코스타리카 정부 요인 서훈식 (1976)

도미니카(공) 신임장 제정식 (1981.8, 산또 도밍고)

관 참사관에 이어, 1974년 코스타리카 초대 상주 공관장으로 발령받아 공관을 신설해서 새로운 외교 관계를 쌓아 나갔다.

  대한민국을 잘 알지 못하는 주재국이나 공직자, 각국 외교 사절과 친교를 맺기 위해 매달 한두 번씩 파티를 열었다. 남편은 파티 석상에서 단연 군계일학이다. 타고난 언변과 능숙한 외국어로 좌중을 휘어잡고 분위기를 이끌어 나가며 그곳 사람들에게 한국을 알리는데 적극적이었다. 그것은 곧 우리 교민들의 위상을 높여주는 것이기도 했다. 그러나 화려한 파티의 뒷면에는 적은 예산에 요리사도 없이 나 혼자서 동분서주하며 요리를 준비해야 했고, 테이블 꽃장식은 공원에서 꽃을 꺾어와 꾸미기도 했다.

당시 국무총리였던 김종필 전 총리가 코스타리카를 공식 방문했을 때의 일이다. 현지 외무부 장관과 회담하기 위해 장관실에 들른 김 총리의 눈에 우리나라 동양화 한 점이 들어왔다. 지구 반대편 이국땅에서 그것도 그 나라 장관실에 걸려 있는 우리 그림을 보고 얼마나 기쁘고 반가웠겠는가.

그런데 그 그림은 우리 집 달력에 있는 동양화를 오려 액자에 넣어 선물한 것이었다. 남편으로부터 이런 사정을 듣고 김총리는 크게 놀라며 깊은 감동을 받았다고 한다. 무엇이든 남에게 주는 것을 좋아한 남편의 기지가 빛을 발휘한 순간이었다. 후에 들은 이야기지만, 김종필 전 총리가 귀국하며 가진 공항 기자회견에서 "돈 없어서 외교 못한다는 말은 다 거짓입니다. 이복형 대사는 달력까지 오려서 외교합디다."라고 했다고 한다.

남편은 1979년 신설 공관인 마이애미 총영사로 발령받아 1년간 의욕적으로 기반을 닦은 후 1980년, 도미니카공화국 특명 전권대사로 발령받아 3년 여간 근무했다. 1983년에는 국내에서 외무부 구주국장으로 근무하다, 1985년에는 아르헨티나 대사를 지냈다.

아르헨티나 시절에는 교민들과의 격의 없는 친목을 위해 교민들이 모이는 교회에서 직접 특별 찬송을 불러서 그들이 감동의 눈물을 흘렸던 기억이 생생하다. 도미니카공화국과 아르헨티나 정부로부터 그 나라 최고 훈장을 수여받았다.

1989년, 멕시코 대사(니카라과, 벨리즈 겸임대사)직 임무 3년여 만에 외교관 활동을 마무리 짓고 귀국과 동시에 비영리 재단법인을 설립하고 마침내 중남미문화원장으로서 인생 2막이 시작되었다.

　은퇴 후 여행 다니며 손주들 돌볼 나이에 제2의 인생을 시작하게 된 남편은 재직 중보다 더욱 왕성하고 바쁜 활동을 하고 있다. 2002년 한일 월드컵 유치 집행위원으로 활동하며, 일본의 강력한 지지 기반이었던 중남미의 표를 우리나라 표로 끌어와 월드컵을 유치하는데 큰 기여를 하며, 국제적으로 대한민국의 위상을 높이고자 많은 노력을 했다.

교황 요한 바오로2세 알현 (바티칸, 1984)

아르헨티나 대사 신임장 제정, Alfonsin 대통령, Caputo 외상 (1985.8)

멕시코 신임장 제정, 살리나스 대통령 (1989.7, 대통령 궁)

2004년, 세계 150여 개국 회원으로 구성된 세계박물관대회(ICOM) 총회가 서울에서 개최되었을 때 관계자들을 문화원에 초청하여 만찬을 열었다. 또한 2006년 경찰청 외사협력자문위원장 시절, 해외로 입양된 후 그 나라 경찰관이 된 젊은이들을 초청하여, 문화원에서 만찬을 열어 따뜻하게 위로해 주었던 행사도 추억으로 남아있다.

이렇게 남편이 밖에서 마음껏 민간 외교관으로 역할을 다 해낼 수 있었던 것은, 역시 이 중남미문화원이 있기에 가능한 일이라고 생각한다. 감사하게도 우리 부부는 나라에서 많은 상도 받았다. 역대 대통령 중 세 분으로부터 각각 수교훈장 숭례

2002 월드컵 유치위원회 활동. 전 FIFA 회장 후앙 아벨란제 (1994)

장(84), 체육훈장 맹호장(96)을 받았는데, 특히 박물관을 운영하는 사람으로는 처음으로 노무현 대통령으로부터 문화훈장 보관장(05)을 받은 것은 크나큰 영광이 아닐 수 없다.

　남편은 식도락가로 요리를 눈과 입으로 감상하며 먹는 것을 즐기고, 오페라와 음악을 좋아하며 아름다운 것을 즐기는 사람이다. 그러나 요즘은 그런 것들을 다 추억으로 돌리고, 외부 초청 강연으로 받은 사례금과 원고료를 받아서 알뜰하게 모았다가 직원들 간식비, 회식비로 쓰면서 행복해 하고 있다. 오래된 자동차를 타면서도 정작 본인은 전혀 개의치 않는다. 그나마 기름 값이 아깝다며 잘 타지 않고 버스나 전철을 이용한다.

　문화원 설립 이후, 10여 년 간 미술관 지하 좁은 공간에서 거처하던 우리 부부는, 2011년 연구소를 건축하면서 한켠에 거

문화의 날 보관문화훈장 수훈 (2005.10.15)

수여받은 훈장들 - 9개국 12개

처를 마련해 비로소 지하에서 지상으로 올라와 살게 됐다. 이 곳은 우리 사후에 기념관으로 쓸 예정이다. 남편이 비 오는 날 정원을 손질하다가 넘어져서 머리를 다치는 사고를 당했을 때, 나는 큰 죄를 지은 죄인의 심정이 되어 부랴부랴 이사를 서둘렀다. 지하에서만 살다가 이대로 떠나보낼지도 모른다는 생각이 들어서였다. 이제 연구소 서재에서 팔순이 지난 나이에도 불구하고 컴퓨터와 인터넷 작업에 즐거워하는 남편을 보고 있으면 기쁨과 함께 안도감이 든다.

지난 30여 년 외교관 생활 동안 파티 문화를 천성적으로 싫어했던 나였지만, 남편을 위해 열심히 미소를 띠며 춤을 췄다. 이제 남편은 남은 여생을 나를 위해 함께 춤 춰 줄 것이다.

나의 가족사

사람은 동서를 막론하고 혈통을 중요하게 생각한다. 말하자면 핏줄에 따른 가족의 역사를 말하는 것이다. 그래서 집집마다 족보를 소중하게 간직하며 자랑스러워한다. 그런 의미에서 나 역시 친가 쪽이나 외가 쪽 혈통을 자랑스럽게 생각하는 자존감이, 오늘의 나를 지탱해 준 버팀목이 되지 않았나 싶다.

나의 할아버님은 장원급제를 하신 한림학사로 안동부사를 거쳐 이조참판을 지내셨다. 당시 안동부사는 최고의 지방 행정직이었으며 대단한 세력가로 통했다. 슬하에 아드님 세 분, 따님 한 분을 두셨는데 장남인 나의 큰아버지는 장남이라는 이유로 할아버님께 많은 재산을 물려받았지만 '방랑 시인 홍삿갓'이라는 별명대로 집안은 돌보지 않고 팔도강산을 유람하며 시를

읊조리며 사시다가 객사하셨다.

둘째 아드님인 나의 아버지는 집안에서는 한문선생을 두어 한문 공부를 하시다가 휘문학당에 들어가서 신학문을 공부하셨다. 평생에 직업 한 번 가져보신 적 없었고, 돈 일원 버신 적이 없이 쓰기만 한 분이셨다. 나의 어머니는 파평 윤씨 부원군 집안의 장녀로 태어나셨다. 당시에는 간택(왕의 부인인 중전을 뽑는 일) 후보에 오를 가능성이 다분히 있었는데, 후보에만 올라도 평생 결혼을 못했기 때문에 외조부께서는 당신 따님이 곰보라고 소문을 내셔서 후보에 오르지 못하게 했다고 한다. 외조부님의 기지로 따님을 이조참판댁 홍씨 집안 둘째 아드님에게 시집을 보내셨다. 막내 따님인 나의 고모는 명문가 민씨 집안으로 시집을 잘 가셔서 육남매를 낳고, 평생 고생 한 번 안하시고 호강하며 잘 사셨다. 소설가 민봉기가 바로 고모의 따님으로 내게는 친동생 이상의 소중한 존재이며, 지금까지 내 옆에서 희로애락을 함께 하고 있다. 아드님 삼형제가 버는 일 없이 쓰기만 했으니 마침내 집안은 두 세대도 넘기지 못하고 몰락할 수밖에 없었다.

아버지는 가세가 기울대로 기울었지만 양반 집안이라는 긍지 하나만은 대단하셔서 한약방에서 소일을 할지언정 아무하고나 터놓고 지내지는 않으셨다. 여름에는 흰 구두에 모시두루마기, 겨울에는 털이 달린 망토코트로 멋을 내고 다니셨으니, 어머니는 흐릿한 등잔불 밑에서 새벽닭이 울 때까지 바느질로 그 옷을 지으셨는데 아버지는 입어봐서 당신 마음에 들지 않으면 그 자리에서 벗어버리는 남편이었다. 그래도 단 한마디 불평 없이 다시 옷을 지어서 남편에게 입히셨다고 한다. 아버님 나이 오십에 늦둥이로 태어난 나는 큰 오빠와 나이 차가 스무 살이나 되었고 조부모 얼굴도 못 보고 집안이 몰락한 후에 태어난지라 탄생부터 축복받지 못했다.

친가는 몰락했지만 외가는 외삼촌이 집안을 단단히 잘 관리하여 명문가로 여전했다. 외숙모는 숙명여전을 졸업한 신여성이었고, 사촌 언니들은 좋은 집안 아이들만 다니는 서울 사대부속 국민학교에 다니며 명륜동에 있는 저택에서 살았다.

어머니의 아들에 대한 교육열은 어느 누구도 따라 오지 못할 정도로 대단하셨는데, 아들을 공부시키겠다는 일념으로 젖먹이였던 나를 부여에 남겨 두고 서울로 올라가, 친정집의 모든 가사 일을 돌봐주며 그 덕으로 아들을 대학까지 공부시키셨다. 부원군 집안이니 크고 작은 제사며 잔치를 비롯한 행사가 많았고 성대하게 치렀다. 그럴 때마다 신여성이었던 외숙모의 살림살이가 서툰지라 어머니께서 솔선수범하여 큰 행사를 도맡아 해 주셨다.

지금도 기억나는 것은, 음식에 맛을 더하거나 모양을 내는 고명을 만드시던 어머니의 빼어난 솜씨다. 완벽에 가까울 정도로 조화를 이룬 색상의 대비는 가히 예술가의 수준이었다. 제물 또한 얼마나 높고 아름답게 쌓았던지. 어린 나의 눈에 선명하게 각인된 그것은 타고 난 미적 감각의 작품이었다. 만일 어머니가 요즘 세상에 태어나셨다면 화가나 조각가가 되지 않으셨을까. 나의 예술가 기질은 어머니로부터 물려받았으리라.

어머님이 서울로 가신 후 한참 엄마 품안에서 재롱을 떨어야 할 어린 나는, 언니들 등에 업혀서 암죽을 먹으며 어미 없는 아이처럼 자랐다. 외가의 도움으로 작은 오빠는 대학까지 다닐 수 있었고 큰 오빠가 서울에 취직을 하게 되자, 부여에 살던 우리 가족 모두 서울로 이사를 했다. 그 때가 내 나이 일곱 살쯤 된 걸로 기억한다.

작은 오빠는 대학까지 공부했지만 언니 셋은 보통학교(지금의 초등학교)만 겨우 나와 모두 출가했다. 당시에는 굳이 여자들은 공부시키지 않고 그저 집안에서 살림살이나 배우다가, 좋은 배필을 만나 시집가면 되는 세상이었다. 그래도 언니들은 보통학교는 졸업했으니 그 시대에는 괜찮은 학력이었다.
하지만 나는 그렇게 살고 싶지 않았다. 학교에 다니고 싶었다. 딱히 어떤 목표가 있었던 것은 아니지만 훌륭한 사람이 되고 싶었고, 그러자면 반드시 공부를 해야 한다는 생각을 굳게 가지고 있었다. 막내였기 때문이었을까, 아니면 어려서부터 공부에 대한 욕심이 유난했던 탓일까, 나는 작은 오빠 곁다리로 학교를 다닐 수 있게 되었고 후일 딸로선 유일하게 대학까지 다닐 수 있었다.

태생부터 축복받지 못하고 고달팠던 나는 누구의 도움 없이 나의 생을 경영해야 했다. 그리고 그 굴레는 결혼해서 지금까지 이어져 왔다. 덕분에 나는 평생을 좌절하거나 원망하지 않고 꿋꿋한 개척자의 정신으로 살았으며, 어떠한 상황에 놓이던 헤쳐 나갈 정신무장이 늘 되어 있다.

나는 요즘 들어 자주, 가난은 축복이라는 생각을 한다.
어렸을 때부터 가난과 역경 속에서 살아왔지만 기죽지 않고 당당하게 웃는 얼굴로 살아 온 것은, 비록 가문의 영광을 누리지는 못했지만 친가와 외가의 역사가 내 몸에 흐르고 있기 때문은 아닐까. 그리고 두 세대를 못 넘겨 몰락하고만 부유했던 친가를 보며, 나는 앞으로 내 자녀에게는 '고기를 잡아서 주지 않고 고기 잡는 법을 가르치겠다'는 뜻 깊은 교훈을 얻게 되었다.

관세음보살, 나의 어머님

나의 어머니는 여중군자셨다. 어머니의 존재는 시작도, 마지막도 사랑의 등불을 자식들뿐만 아니라 주위 사람들에게도 꺼지지 않게 비춰주는 영원히 살아있는 분이다. 지금도 어머니의 미소 뒤에 감춰진 깊은 한숨과 주름 속에 파묻혀 있는 인고의 세월들이, 내 책상 위에 놓여 있는 어머니 사진 속에서 시공을 뛰어넘어 생생하게 살아난다.

아들을 공부시키기 위해 서울로 떠나시기 전, 동네에서 용하기로 유명한 점쟁이 뻥덕어멈 집을 찾아가셨다. 어머니는 어린 나를 떼어놓고 먼 길을 떠나야 하는데 우유도 없던 그 시절에 과연 살아남아 있을 것인가 걱정이 되셨던 것이다. 친정에 드나들며 가사를 돌봐주는 조건으로 아들을 공부시키기로 약속 받은 상황에 어린 아기를 데려갈 수는 없었던 것이다.
뺑덕어멈은 어머니에게 이렇게 말했다고 한다.
"죽긴 누가 죽어! 말년에는 그 딸 덕에 용돈 쓰게 생겼구먼!"
그 말은 후일 예언처럼 실현되었다. 지금은 담담하게 말할 수 있지만, 어린 것을 떼어놓고 가야 하는 모성은 내딛는 걸음마다 눈물로 땅을 적셨을 것이다. 아무리 아들이 소중하다 한들 열 손가락 깨물어 아프지 않을 손가락이 어디 있을 것인가.
워낙 점잖으신 성품이라 드러내놓고 표를 내지는 않으셨지만, 생존해 계시던 내내 늦둥이 막내인 나에 대한 사랑이 무척 깊으셨다. 이렇게 반듯하게 클 수 있었던 것은 어머니의 깊은 사랑 때문이다.

나의 어머니는 관세음보살 같은 분이셨다.
어머니는 시집오기 전 젊었을 때부터 불심이 두터운 불교신자셨다. 힘든 생활 속에서 평화롭고 넉넉한 마음을 가질 수 있었던 것은 불교의 힘이 컸다. 불교의 진리인 자비를 삶 속에서 실천하는 가운데 보람이 있다고 철저히 믿으셨다.
어머니는 다른 사람의 허물을 용서하고 사랑으로 이해하며 감싸 안을 줄 아는 분이셨다. 가난하고 각박한 삶 속에서도 모든 것을 이해하고 수용하셨으며 자식들에게 화를 내거나 큰소리로 야단치신 적이 단 한 번도 없었다. 욕 한번 하지 않고 따뜻한 말로 타이르셨다.

쌀을 시주하실 때면 밥상에 펼쳐 놓고 쌀알에서 뉘를 하나하나 다 골라내어 직접 머리에 이고 가는 정성을 들이신 어머니. 어머님의 그 지극한 기도는 항상 자식들을 향해 있었고 자식들이 살아가는 힘이 되었다.
어머님은 돌아가시기 직전에 내게 이런 말씀을 남기셨다.
"내가 너에게 빚을 많이 지고 가는구나……."
평생 나에게 미안함을 내내 가지고 계셨던 어머니. 그러나 나는 단 한 번도 어머님을 원망해 본 적이 없었다. 오히려 어머님은 예전이나 돌아가신 이후에도 항상 내 정신적 지주가 되어 주셨다.

자식은 물론이고 친가, 외가 할 것 없이 모든 친척들의 존경을 한 몸에 받으셨던 어머님께서 돌아가시고 화장했을 때, 사리가 나왔다고 해서 화제가 되었는데 나중에 항상 몸에 지니시던 염주 알이라는 것이 밝혀졌지만 그만큼 어머님의 불심은 모두가 인정했다.
관세음보살은 모든 인간을 다 동정하고 인간의 잘못을 모두 용서해서 자비로 승화시키는 분이다. 이 자비는 '현실의 고통을 즐거움으로 바꿀 수 있고 어두운 현상을 밝음으로 바꿀 수 있는 사랑이며 강력한 실천'이라는 종범 스님의 말씀이 생각난다. 바로 나의 어머니를 두고 하신 말씀 같았다.

이러한 어머님의 영향 아래에서 자란 나는 그 어떤 종교적 가르침 보다 강하게 불교의 '자비'라는 사랑의 정신을 몸소 체험할 수 있었다. 지금, 그 모습을 조금이라도 닮고 싶은 나는 어머님의 사진을 들여다보며, 현실 속에서 의지하고 그 가르침을 조금이나마 실천하려고 하고 있다.

불교 신자가 예수를 믿게 된 사연

평소 절에 다니지는 않았지만, 나 스스로는 불교 신자라고 생각하고 있었다. 이런 내가 어느 날 예수를 믿게 된 것은 놀라운 하나님의 은총이며 섭리라고 생각한다. 처음 교회에 발을 딛게 된 것은, 가족들이 부여에서 서울로 이사 온 후였는데, 당시 동명여중에 다니던 나는 낯선 서울 생활에 아는 친구가 없어서 무척 외로웠고, 나와 비슷한 처지에 있던 지방에서 온 기숙사 친구들과 친하게 지냈다. 타향살이의 외로움을 신앙의 힘으로 극복하던 그 친구들을 따라서 '친구 따라 강남 간다'고 나도 자연스레 교회에 처음 나가게 되었다.

그러나 내 안에 진정한 믿음이 싹트게 된 계기는 남편의 코스타리카 근무 시절, 교민들과 대사관의 불화를 막기 위해 같이 어울려 드렸던 예배에서였다. 우리나라도, 교민들도 가난하고 어려웠던 그 시절, 타국에서 외로움과 고난을 겪으며 신앙에 의지하며 살아가던 사람들과 함께 했을 때였다. 어려움과 고통을 당할 때마다 목마른 사람이 샘물을 찾듯이, 배고픈 사람이 음식을 갈구하듯이 그런 간절한 소망과 바람을 초자연적인 절대자에게 의존하게 된 것이다.

믿음의 본질이 무엇인지 나 개인의 실존적 관심에서 끊임없이 추구하다가 깨닫게 된 것은 결국 어머님의 깊은 불심과 내가 믿는 기독교에 커다란 공통점이 있다는 것이다. 그것은 불교에서 말하는 자비의 실현이고 기독교의 사랑의 실천이다. 서로 다른 종교 속에서도 하나의 진리를 발견해서 우주와 우리 자신이 하나가 되는, 결국 믿음은 외부에만 있는 것이 아니라 자기 자신의 내부, 마음도 중요하다고 생각한다.

나는 석가모니와 예수의 생애를 우러러 경외심을 가지며, 그 분들의 삶을 감히 천만분의 일이라도 닮고 싶어 기도하며 살고 있다. 다원주의적 종교관이라 나를 비난할 수도 있으나 예수도 부처도 이 세상의 고통 받는 사람들을 위해 이 땅에 오셨다고 생각한다. 그래서 자기가 믿는 종교만이 천당이나 극락에 갈 수 있다는 생각보다, 다른 종교의 진리와 견해에 대해 열린 마음으로 귀 기울이는 것이야말로 하나님의 진정한 뜻이 아닐까 한다.

한때 죽음의 문턱까지 갔던 고통을 겪던 시절이 있었다. 세상이 모두 나를 버렸고 하늘도 나를 버렸다고 생각했다. 지옥은 사후에 있는 게 아니라 바로 그 때, 내 마음속에 있었다. 그러나 하나님은 사랑하는 자녀에게 축복의 선물을 주실 때 고난의 보자기에 싸서 주신 다던가. 어렵게 풀어헤친 그 보자기 안에 있던 달디 단 축복의 선물! 그 선물 앞에서 나는 한 없이 작아지고 겸손해졌다.

중남미문화원을 재단화 해야겠다는 마음은 나의 생애를 통해 내린 결정이었으며 어떤 삿된 생각 없이 한 행동이었다. 그러나 IMF 당시 겪었던 엄청난 고난으로 말미암아 나의 모든 재산을 잃고 길거리로 나앉을지도 모른다는 생각까지 했었지만, 재단화한 이 중남미문화원만은 아무 탈이 없었다.

이것을 보며 나는 '이 문화원이야말로 바로 하나님이 나를 사랑하신다는 것을 보여주는 증거이다. 아무도 몰라주지만 하나님은 나의 순수한 생각을 알아주시는구나'라는 깨달음을 얻게 됐다. 중남미문화원을 사회에 환원한 것은, 결국 하나님의 깊은 뜻이라고 믿으며, 올바른 선택이었다는 확신을 얻게 되었다. 이 문화원은 내 개인의 능력만으로는 결코 이룩할 수 없는

일이다. 하나님은 나에게 많은 것을 주셨다. 예술적 감각과 재능을 주셨고, 기회와 부를 주셨으며 힘든 고비를 버틸 수 있는 몸과 마음의 강건함도 주셨다. 이러한 뜻을 조금이나마 깨달았기에, 하나님께 감사하는 마음으로 이 문화원의 모든 것-마지막 남을 내 몸과 장기까지, 사회에 기쁘게 내 놓을 수 있었다.

최후의 만찬 (스테인드글라스 230cmx150cm, 멕시코, 산 앙헬)

지난해 종교전시관을 개관한 후, 많은 사람들이 그곳에서 감동과 기쁨에 가득 차 기도와 찬양하는 모습을 보며, 중남미 문화원이야 말로 '하나님이 역사하는 곳'이라는 확신을 갖게 된다. 그리고 그분 앞에 부끄럽지 않은 삶을 살기 위해 오늘도 노력하고 있다.

대한민국 여자 신문팔이 제1호

가난은 사람에게 절망과 좌절을 안겨 주기도 하지만, 반대로 어떤 난관도 극복할 수 있는 강인한 정신력을 키워주는 동전의 양면과도 같다. 생각해 보면 어려서부터 오늘에 이르기까지 어려움에 굴하지 않고 부딪쳐 솟아나며 참으로 치열하게 살아왔다. 그것은 어쩌면 태어나면서부터 나에게 주어진 신의 섭리라고 생각하며 저항 없이 받아들였다.

몰락한 가문의 늦둥이 막내로 축복받지 못하고 세상에 태어나서 어린 시절, 잠결에 어른들이 하시는 '저 웬수만 없으면 내 무슨 걱정이 있겠나'라는 말을 들었을 때, 이불 속에서 숨죽여 울며 결심했다. 얼마나 힘이 드시면 나를 원수라고 표현하실까, 외사촌과 사이좋게 지내야겠다. 그래서 가능하면 어머니의 마음을 편히 해드리자. 그리고 나는 스스로 나의 인생을 만들어 나가자고. 그 덕분에 누구하고라도 사이좋게 잘 지내는 것, 그리고 자립정신으로 인생을 개척하는 법을 터득할 수 있었다.

초등학교를 졸업할 때가 되자 집에서는 이제 공부를 그만하라고 하셨다. 그러나 내게 어른들의 설득이 통할 리 없었다. 나는 꼭 여학교에 가고 싶었다. 어찌해서 중학교 입학은 어렵게 했지만 앞으로 내야 하는 학비가 큰 걱정거리였다. 오빠 공부 시키기도 힘든 집안 형편에 가만히 앉아 부모형제만 바라볼 수도 없었다. 스스로 학비를 벌겠노라 다짐한 나는 며칠을 두고 이런저런 궁리를 했었다.

그러던 어느 날, 친하게 지내던 친구를 따라 교회에 다니게 됐는데 그 교회에서 신문팔이를 하며 고학하는 남학생이 있었다. 나는 그 남학생에게 나도 신문팔이를 하고 싶다며 어떻게 하는지 가르쳐 달라고 졸랐다. 처음에는 남자도 힘든 일이라며 손사래를 쳤지만, 나의 끈질긴 부탁에 자신의 일터인 남대문 지하도로 나를 데려갔다. 그는 그곳에서 좌판을 펴고 몇 종류의 신문을 팔고 있었다. 다음날, 남학생과 함께 광화문에 있는 동아일보에 가서 신문을 배급받아왔다. 신문을 받던 그 순간 가슴 뛰는 감격이 지금도 기억에 생생하다. 처음에는 남학생 옆에서 팔았지만 곧 눈치가 보이자, 머릿속에서 번개 같은 생각이 떠올랐다. 오는 손님만 기다리고 앉아 있을 것이 아니라 신문을 들고 직접 사람들에게 찾아다니며 판다면 수입이 훨씬 낫겠다는 생각이 들었다.

열세 살 나이에 '대한민국 여자 신문팔이 제1호'가 된 나는 신문을 옆구리에 끼고 사람들을 찾아서 이곳저곳 재빠르게 뛰어다녔다. 교복을 입은 어리고 작은 여학생이 신문을 팔러 다닌다는 동정심 때문인지, 처음 보는 일이라 호기심 때문이었는지, 아니면 여학생이 창피함도 무릅쓰고 학비를 버는 모습이 기특해서인지, 거스름돈을 받지 않고 신문을 사주는 어른들도 제법 많았다. 밤늦도록 그렇게 거리를 헤매고 다니면 하얀 교복 깃은 말할 것도 없고 손, 얼굴, 콧구멍까지 새까매졌지만 힘들고 고생스럽다는 생각보다는 기쁜 마음이 커서 집에 돌아가는 발걸음이 날 듯 가벼웠다.

신문팔이 첫날, 나는 흥분에 휩싸여 집에 돌아오자마자 주머니부터 뒤집었다. 찢어진 돈, 구겨진 돈들이 호주머니 여기저기에서 나왔다. 나는 뛸 듯이 기뻤다. 찢어진 돈은 신문지를 오려 풀로 붙인 뒤, 구겨진 돈과 함께 깨끗이 인두로 다리며 밤에 잠도 잊은 채 얼마나 기뻐했던가. 이렇게 다린 돈 중에 헌 것은 이튿날 동아일보를 다시 사는데 썼지만, 깨끗한 돈은 책상 서

랍 속에 차곡차곡 모아두고 너무나 고맙고 고마워 세어보고 또 세어 보았다. 나중에 내 등록금이 될 돈이기 때문이었다.

신문팔이 하는 내내 그렇게 깨끗한 돈과 헌 돈을 구분하며 보잘것없는 한 닢도 신주단지처럼 아끼는 나를 보고 보급소 소장은 "여학생은 앞으로 큰 부자가 되겠다."고 덕담을 해 주기도 했다. 어쩐지 공부하는데 쓰이는 돈은 반듯한 것이라야 할 것 같았다.

학업과 신문팔이를 병행하는 것만도 하루해가 부족했건만, 나는 또 무슨 욕심에선지 탁구선수까지 했다. 탁구가 왜 그렇게 재밌는지 그만둘 수가 없었다. 그러자니 수업시간에는 피곤함이 몰려왔다. 졸지 않으려고 눈을 크게 뜨고 애써보았지만 쏟아지는 잠을 이길 수가 없었다.

결국 국어 시간에 선생님께서는 밤에 소설책 보느라 공부 시간에 조는 것 아니냐고 야단을 치며, 운동장 다섯 바퀴를 돌고 오라는 벌을 내리셨다. 그러나 신문팔이 하느라 고단해서 졸았다는 얘기를 정말이지 하고 싶지 않았다. 아무도 내가 가난해서 신문팔이 하는 고학생이라는 사실을 알지 못했기 때문이다.

친구들이 사탕을 먹을 때면, 기죽기 싫어 녹내를 참으며 동전을 입에 물고 사탕 먹는 척하는 자존심을 가진 내가, 선생님과 친구들에게 차마 사실을 말할 수는 없었다. 나는 운동장을 돌면서 푸른 하늘을 보고 내 그림자를 보면서 한없이 울었다. 실컷 울고 나니 속이 후련해졌다. 교실로 들어갈 때는 얼굴에서 눈물 흔적을 찾아 볼 수 없었다. 그 국어 선생님께서 후일 중남미문화원을 찾아 주셨을 때, 당시에 내가 신문팔이를 하며 고학했음을 고백했더니 '왜 말하지 않았냐.'며 몹시 놀라셨다. 우리 문화원을 매우 아끼고 사랑하는 한 분이셨던, 지금은 고인이 되신 추교환 선생님이 문득 그리워진다.

지금 생각해 보면 나는 어려서부터 오늘에 이르기까지 끊임없는 도전 정신으로 겁 없이 뛰어들어 치열하게 살았다. 어려움이 닥칠 때마다 순간순간 오뚝이처럼 일어섰고 창조적으로 새로운 길을 모색했다. 때로는 힘이 들고 서러운 생각이 들었지만 절대 좌절하며 그 자리에 주저앉지 않았다. 어린 시절, 최초의 여자 신문팔이로 고학하며 단련된 오뚝이와 같은 기질은 오늘날 나를 있게 만든 원동력이 되었고, 문화원을 만드는 추진력이 되었다.

피난지에서 꽃핀 사랑

1950년 6월 25일 한국전쟁이 나자 부모님은 자식들을 피난 길로 보내셨지만, 당신들은 집을 지켜야 한다며 한사코 떠나기를 거부하셨다. 그곳에는 부모님과 나, 그리고 엄마를 여읜 조카 둘만 남게 되었다.

그때부터 나는 이미 예순 살이 넘으신 부모님과 어린 조카들의 끼니를 책임져야 하는 소녀 가장이 된 것이다. 내 나이 열일곱, 동명여중(지금의 고등학교 1학년)에 다니던 시절이었다. 당장 먹을 쌀도 없는 상황이라 아무리 전쟁 중이라 해도 집안에 가만히 앉아있을 수만은 없는 처지였다. 뭔가를 해야 했다. 무슨 수가 없을까 궁리하면서 두리번대며 영천의 시장 골목을 거닐고 있을 때 마침 내 눈을 끄는 광경이 있었으니, 그것은 미처 피난가지 못한 사람들이 이고 지고 나온 보따리들이었다. 대체 저것이 무엇일까? 왜 사람들은 보따리를 들고 시장통으로 밀려들고 있을까? 가까이 가서 물어보니 그 보따리에는 옷가지들이 들어 있었고, 그들 역시 먹을 것이 없어 그것을 쌀과 바꾸러 나온 것이었다.

머리에 이고 있는 아낙에서부터 지게에 지고 나온 남정네까지 여기도 보따리, 저기도 보따리, 사방이 보따리 천지였다. 그 순간, 나는 타고난 순발력을 발휘했다. 옷가지를 팔러 나온 사람에게서 옷을 싸게 사서 시골에 가서 쌀과 바꾸는 사람들이 있었다. 그들을 서로 엮어주고 구전을 먹는 일이었다. 요즘 용어로 말하자면 '리베이트'를 받는 셈이랄까. 일단 여기까지 계획이 서자, 온통 시장을 휘젓고 다니며 팔 사람과 살 사람을 나름대로 찍어 두었다.

나는 옷을 사러 나온 사람과 사전 협의를 거친 후, 옷 보따리를 들고 있는 사람에게로 다가갔다. 내가 돈 많이 받을 수 있는 사람에게 소개해 줄 테니 나한테 구전을 줄 수 있느냐고 물었다. 이렇게 말하면 열이면 열 모두 나를 쫓아온다. 힘들게 여기저기 다녀봐야 괜히 다리만 아프고, 경쟁자가 워낙 많으니 팔 길도 쉽지 않았기 때문이다. 아무런 밑천도 없었던 나는 그런 식으로 해서 부모와 어린 조카 공양을 시작했다. 날이면 날마다 많은 사람들과 거래를 해서 소개비를 받으면 쌀도 사고, 쌀값이 여의치 않으면 술 찌개미라도 사서 식구들을 거뒀다.

인민군이 서울을 장악한 후 대부분 피난을 떠나서 학생이라고는 별로 없었지만, 용케도 남아있던 학생들을 파악한 학교에서 등교하라는 전달이 왔다. 수학과목을 담당했던 선생님의 지시에 따라, 나는 고정애라는 친구와 함께 학교로 등교했다. 고정애는 내가 다니고 있던 동명여중 이사장의 막내딸이었는데, 그녀 역시 오빠들을 모두 피난 보내고 예순이 넘은 부모님과 함께 남아 있었다.

1950년 9월 28일 서울이 수복되자 좌익 성향의 사람들은 모두 북으로 넘어갔다. 어느 날 학교에 가보니 선생님도 북으로 넘어가고 없는 것이 아닌가? 이런 상황에서 자칫하면 빨갱이로 몰려 죄를 뒤집어 쓸 판이었다. 그러나 우리는 학생 신분으로 등교 명령에만 따랐을 뿐 공산군을 위해 부역하지 않은 점이 밝혀져 무사할 수 있었다.

평양까지 진격한 국군과 유엔군이 갑자기 나타난 중공군 때문에 후퇴하기 시작하자, 서울은 순식간에 다시 그들의 손에 들어가게 되었다. 자라 보고 놀란 가슴 솥뚜껑 보고 놀란다고 또 공산군 치하에 있으면 큰일이라 생각한 나는 급히 고정애를 불렀다. 그것이 바로 1951년 1.4 후퇴 때의 일이다.

고정애와 의논한 끝에 둘이서 피난 가기로 약속을 하고 무조건 기차에 올라타고 보니, 대구로 가는 열차였다. 그 안에는 부상당한 군인들로 가득 들어차 있었다. 부상자들은 보기에도 애처로울 정도로 고통을 호소하고 있었고 피를 뚝뚝 흘리는 중상자도 있었다.

고정애와 나는 그들을 치료하기 시작했다. 붕대를 감아주기도 하고 부지런히 의료진의 심부름도 해 가면서 대구에 도착했다. 다행스럽게도 그들에게 흡수되어 대구 동산병원에 들어가게 되어 그곳에서 밥도 얻어먹고 일도 도우며 그럭저럭 지낼 수 있었다. 그러나 어느 정도 질서가 잡혀가자 간호사 면허가 있어야만 정식으로 일을 할 수 있다는 사실을 알게 되었고, 계속 병원에 머물기 위해서는 간호사 면허증을 꼭 따야만 했다. 그때부터 나와 고정애는 틈이 나는 대로 공부를 하기 시작했는데, 화장실에서도 책을 읽을 정도였다. 열심히 공부한 노력이 결실을 거둬, 우리 두 사람은 어린 나이에 간호사 시험에 합격해 면허증을 받게 되었다.

그 후 1953년 7월 휴전협정이 맺어지고 전쟁이 끝나자 우리는 다시 서울로 돌아왔다. 당시 고락을 함께 한 고정애는 안타깝게도 지금은 이 세상 사람이 아니다. 동산병원에서 같이 간호사로 근무하던 시절, 의료용 알코올을 온 몸에 쏟아 큰 화상을 입고 깊은 흉터를 안은 채 살다가 결국 자살을 하고 말았다. 전쟁이 꽃다운 나이의 한 여인을 비극으로 내몰고 말았던 것이다.

당시 중앙보육원이 중앙대학으로 바뀌면서 입학하는 여학생은 등록금을 삼분의 일만 내도된다는 조건이 있었다. 그래서 나는 빨리 돈을 벌고 싶은 마음에 약제사가 되기 위해 제1지망은 약학과, 제2지망은 생물학과 입학원서를 내고 시험을 쳤다. 그러나 1지망은 불합격하고, 2지망 생물학과에 합격하여 입학하게 되었다.

나의 대학시절은 결코 만족스럽지 않았다. 생물학이 나의 적성과는 거리가 멀었기 때문이었다. 내가 진정으로 하고 싶었던 전공은 미술이었으나, 내 처지에 엄두를 낼 수 없었다. 적성보다는 합격을 위해 선택했던 생물학과가 내게 맞을 리 없었다. 나는 성실한 대학 생활은 뒤로 접어둔 채 이복형 중위와 데이트 하는 데 시간과 열정을 쏟았다.

이복형 중위는 대구 피난처에서 학교 선배의 소개로 알게 되었는데, 그때 그의 나이 스무 살, 내 나이 열여덟 살이었다. 집을 떠나 외지에 있었던 우리는 첫눈에 서로에 대해 호감을 갖게 되었다. 나는 그의 순수한 열정과 정직성, 성실함에 끌렸고 그는 나의 꿋꿋하고 당찬 생활 자세, 흐트러짐 없는 깔끔한 외모에 매료되었다고 한다.

아무튼 피난 덕에 미래의 남편감 이복형 중위를 만날 수 있었으니, 대구로 피난 간 것이 결과적으로 전화위복이 되었다고 할 수 있을까.

결혼 전, 유엔군 정전위 연락장교 시절 (1957. 가을)

데이트하던 시절 (명동 거리, 1958)

피난지에서 꽃핀 사랑

오직 남편에게 바친 열정

이복형 당시 군인과 데이트를 즐기던 1956년, 그는 미군 통역장교 임무를 띠고 미국으로 떠났다. 2년여에 걸친 임무를 마치고 돌아와 판문점에서 근무하던 시절, 그가 내게 청혼을 했다. 하지만 우리의 결혼은 양가의 결사반대로 큰 벽에 부딪쳤다.

마흔 전후에 혼자되신 시어머니, 시할머니 역시 일찌감치 혼자되셨고, 시누이 될 사람도 6.25 전쟁 통에 스물아홉 살에 혼자가 되어, 아이 넷을 기르며 친정 집 바로 옆에서 살고 있었다. 우리 집에서는 이 세 과부 틈에서 종갓집 종손 외며느리 노릇을 네가 어찌 할 수 있겠느냐며 반대하셨다. 사실 보지 않아도 고달프리라는 건 빤한 노릇이었다.

시댁에서는 집안도 가난하고 불면 날아갈 듯 그리 건강해

뵈지 않는 나를 며느릿감으로 내켜하지 않으셨다. 그러나 남편의 나에 대한 사랑이 너무도 강렬한 나머지 양가 집안 어른들도 종래엔 두 손을 들고 말았다. 더 이상 지체해서는 안 되겠다고 생각한 남편은 주변의 반대를 물리치고 결혼 날짜를 마음대로 잡아버렸다. 그리고 1958년 4월 12일, 드디어 정동교회에서 결혼식을 올렸다.

예상했던 바대로 결혼과 동시에 나의 수난시대는 시작되었는데 그 서막은 결혼 예물을 공개하면서였다. 결혼이 임박했는데도 가난한 우리 집은 이부자리 한 채 마련해 줄 수 없는 형편이었던 것이다. 가진 것이라곤 아무것도 없는 예순 아홉의 노모가 대체 뭘 해줄 수 있단 말인가. 빈 몸으로 시집가게 된 나는 참으로 기가 막히고 서러웠다.

그 시절, 좀 산다 하는 서울 토박이들 사이에는 결혼을 하면 새색시가 해온 혼수를 일가친척들에게 공개하는 풍습이 있었는데 우리 시댁 역시 예외일 수 없었다. 혼수가 보고 싶어서 일가친척이 죄다 몰려오자, 남편은 그분들을 얼른 돌려보내 새색시의 창피를 모면하게 해줬다. 그러나 그 후로도 정작 마음착한 시어머님은 아무 말씀이 없으신 데도, 시댁 어른들은 나만 보면 '발가벗고 시집왔다'고 흉을 보았다.

지금이야 빌딩 숲으로 변했지만 내가 시집가서 살던 50년대의 마포는 주택가였고, 그 가운데서도 우리 시댁은 눈에 띌 정도의 커다란 전통 한옥 가옥이었다. 시댁 일가친척들이 모두 마포에 모여 살고 있어서 아침밥만 먹으면 종가집인 우리 집에 몰려와 며느리 흉보는데 재미를 붙였다. 나는 시댁 식구들 말대로 친정이 가난해서 발가벗고 온 죄로 고개 한 번 제대로 들지 못하고 그저 쩔쩔매며 살았다. 처녀시절 그토록 당당하고 자신만만한 여자였지만, 나 역시 시집 식구 앞에서는 어쩔 수 없는 며느리였던 것이다.

정신적으로나 육체적으로 고달프기만 한 시집살이로 인해 건강이 점점 나빠졌고 늑막염이 폐결핵으로 발전하고 말았다. 남편은 그런 나를 지성으로 돌봐주었다. 스트렙토마이신과 파스나이드라지드 같은 결핵 치료약을 아는 미군에게 부탁해서 계속 대 주었다. 그러나 시댁 식구들은 나에 대한 이해나 사랑 없이 작정한 듯 냉대했고 내 마음은 하루도 편할 날이 없었다. 자기 소신이 확고한 남편은 늘 나를 감싸고 보호해 주었는데, 그것이 더욱 시댁 식구들의 미움을 사게 했고 갈등을 부채질하는 격이 되었다.

아무리 생각해 보아도 서러웠다. 그러나 따질 수도 없는 노릇이었다. 집에서는 소리 내 울 수가 없어서 저녁 무렵 남편이

퇴근하기 전에 사람 없는 마포 강둑으로 나가 엉엉 큰소리를 내며 울었다. 소리 내어 울고 나면 답답하고 막혔던 속이 뚫어지는 기분이었다. 친정이 가난한 것이 무슨 죄란 말인가. 비록 가난할망정 남에게 신세지거나 피해주지 않고 깨끗하게 자존심 하나로 사시는 친정 부모님이 아닌가.

계속된 시댁 식구들의 냉대로 정신적인 고통이 심해지자 내 자신이 무너질 것 같았다. 하지만, 내 뱃속에는 새 생명이 자라고 있었다. 미워하는 마음을 가져서는 안 되었다. 아기를 위해서도, 나를 위해서도 자신을 괴롭히는 내면의 고통에서 벗어나야만 했다.

지금 생각해도 참 잘 참아왔다. 한 개인으로서가 아니라 가족 관계 속에서 조화를 이뤄야 한다는 염원, 나의 인내심은 곧 존재의 이유가 되었다. 정신이 명징해졌다. 자신을 되돌아보고 응시하며 이대로 죽은 듯이 내 자신을 방치하며 살 수는 없다고 생각했다. 이런 삶은 나의 것이 아니다. 열세 살 어린 나이에 행상, 신문팔이에 도전하면서 스스로 인생을 책임지며 경영한 홍갑표가 아닌가. 이런 고통 따위가 내 인생의 방해가 되어서는 안 된다. 돌파구를 찾자. 시댁 식구들에 대한 감정적 대치보다는 남편을 성공시켜야 한다는 강한 의지로 이어졌다. 남편에게 투자하자. 그래서 남편이 성공하면 시집에서 더 이상 나를 우습게보지는 않을 것이다. 생각만으로도 가슴은 부풀어 올랐고 생기가 솟았다.

　남편은 명문 서울고등학교를 졸업한 후 6·25 전쟁이 터지는 바람에 늦어졌던 대학 공부를 결혼 후에야 하게 됐다. 남편과 우리 가족의 미래를 위해서 반드시 대졸 학력이 필요하다고 생각했던 나는 남편에 부담을 덜어주고자 팔을 걷어붙이고 나섰다. 등록금과 생활비 마련을 위해서였다.

　시댁은 부잣집이라고 소문났지만, 큰 집 한 채만 덩그러니 있을 뿐 빛 좋은 개살구였다. 매일 같이 친척들이 모여들고 씀씀이 또한 헤퍼서 그 많던 재산은 곶감 빼먹듯 없어졌고, 막상 시집 와보니 여기저기 널린 빚이 대추나무에 연 걸리듯 했다. 그러나 집 하나만은 대단했는데 마포구 공덕동 마포대교 부근의 번개표 빌딩 자리가 바로 시댁 집이었다.

　집이 워낙 넓고 크다 보니 빈 방이 많았고 바로 그 순간 내 머릿속에는 그림이 그려지기 시작했다. 커다란 광에 칸을 막아 부엌 딸린 방을 만들고, 넓은 정원 한 쪽에 집을 지어 월세를 받으면 되겠다는 계획을 세웠던 것이다. 나는 곧 공사에 착수해 인부를 불러 방과 부엌을 만든 다음, 도배는 누구의 도움 없이 내가 혼자서 다 해냈다. 그리고 비어있는 방과 새로 만든 방들에 월세를 놓아 공사비와 등록금을 해결했다. 말하자면 집을 수리해서 임대업을 시작한 셈이었다.

당시는 군복무를 하면서 대학에 다닐 수 있었다. 먹고 살기 힘들던 그 시절, 군에서는 군인 가족에 대한 배려로 안남미(길쭉한 베트남 쌀)를 배급해 주었는데 시댁 식구들은 그 쌀이 맛이 없다며 비싼 우리 쌀로 바꿔 먹으려고 했지만 나는 따르지 않았다. 나라고 어찌 맛있는 걸 모르겠는가. 더구나 당시 나는 임신 중이라 먹고 싶은 것도 많았으나 한 번도 나를 위해 먹고 싶은 것을 사먹지 않았다. 돈을 아끼고 모아서 내가 시집오기 전에 시댁에서 진 빚을 갚아 나가야 했기 때문이다.

남편은 군인과 대학생 신분을 병행하며 어느덧 졸업을 하게 되었고 나는 맏딸 미종이를 출산하고 나서 폐결핵이 완쾌되어 건강을 되찾았다.

오직 남편에게 바친 열정

오로지 실력으로 이룬 외교관의 꿈

1960년 9월 어느 날, 신문을 읽던 내 눈에 기사 하나가 내 시선을 멈추게 했다. 호주 국비 장학생 선발 고사 공고였다. 대한민국과 호주 정부와의 협약으로 이번 고사를 통해 7개 분야의 장학생을 선발한 후 호주에서 일정한 교육과정을 수료, 전문가로 육성하여 한국 정부 각 분야에서 채용한다는 조건이었다. 국제 외교학 분야에 합격해 호주에서 유학하면 대한민국 외무부에서 외교관으로 근무할 수 있다는 것이었다. 남편의 성공이 우리 가족 모두의 성공이라는 의지를 계속 키워나가던 내게 그 기사는 하늘이 주신 기회였다. 나는 무릎을 치며 이처럼 좋은 기회는 두 번 다시 오지 않을 것이며 반드시 잡아야 한다고 다짐했다.

시험 과목은 국제학과 영어, 역사였다. 대학도 졸업하고 군대에 있을 때 미국에 다녀와 통역장교로 복무했으니 영어는 걱정 없었다. 문제는 역사 과목이었다. 아직은 군인 신분이라 내가 다니며 서류작성과 접수를 도맡아 빠짐없이 준비하며 바쁘게 다니면서도, 집에 있어도 '어떻게 해야 역사 시험에 합격할 수 있을까'하는 고민이 내 머리 속을 떠나지 않았다. 나는 남편에게 휴가를 내서 시험 때까지 역사 공부에 매달리자고 했다. 그리고 당장 서점에 가서 역사책을 사왔다. 그에게 익히게 하고 나와 문답식으로 공부해 나갔다. 우리는 둘 다 수험생이 되어 만사를 제쳐두고 밤낮으로 역사 공부에 열중했다.

　마침내 시험 날, 둘째 아이를 임신한 몸이라 두루마기 차림으로 시험 장소에 따라갔다. 지금도 그렇지만 그때는 외국에 한번 나가기도 매우 힘든 시절이라 유학을 갈 수 있다는 것은 선망의 대상이었고, 때문에 고사장에는 수험생이 구름처럼 몰려들었다. 아무리 남편이 영어에 뛰어나고 역사 공부를 열심히 했다지만 수많은 지원자들, 특히 대학 교수들도 많이 응시했기 때문에 그중에서 과연 뽑힐 수 있을지 걱정이 이만저만이 아니었다. 저 많은 이들 중에 겨우 일곱 사람만 뽑는다는데, 경쟁률이 무려 100대 1에 육박한다는 말을 듣고 내 마음은 더욱 움츠러들었다. 그런데 그 때, 스피커를 통해 교수들은 역사 시험을

면제하니 영어 시험만 보고 돌아가라는 말이 흘러나오는 게 아닌가! 더욱 불리해졌지만 그대로 기죽을 수만은 없었다.

종이 울리자 남편은 수험장으로 들어갔다. 불안하고 초초한 마음을 기도로 진정시키고 있는데 웬일인지 남편이 제일 먼저 나오는 것이 아닌가? 어쩌자고 빨리 나오는가. 가슴이 철렁 내려앉았다. 불안한 내 심정과는 달리 남편은 싱글싱글 웃는 얼굴로 자신만만해 보였다.

드디어 합격자 발표일, 남편은 국제외교 부문에서 당당히 합격을 했다. 나는 가슴이 벅차올라 잠도 오지 않았다. 신문을 보지 않았던들, 아니 신문을 봤더라도 그 기사를 보지 않았던들 남편 이복형이 외교관이 되었을까. 또한 외교관이 되지 않았다면 지금 중남미문화원도 이 세상에 없을 것이다.

남편은 호주 국비 장학생으로 멜버른 대학원에서 국제 외교학을 전공하고 호주 외무성 외교관 연수과정을 마쳤다. 그때 멜버른 대학원에서 함께 수학한 호주인 동기생 마크 윌리엄스(Mark Williams)는 2000년에 우리나라에서 주한 호주 대사로 재직했다. 한국에서 근무하는 동안 우리 중남미문화원을 자주 방문해 주었다.

나의 남편이야말로 학연과 지연을 극복하고 오로지 실력 하나만으로 꿈을 이룬 외교관인 것이다.

1960년 호주 유학 시절, 외무성 Macnail 차관보(왼쪽) 外

오로지 실력으로 이룬 외교관의 꿈

순발력이 낳은 경영 마인드

　남편이 호주로 유학을 떠나긴 했지만, 돈을 버는 가장이 없으니 남은 가족들의 생계가 막막해졌다. 집에서 나오는 월세만 가지고는 살기가 힘들었다. 그 때 내 나이 스물여덟, 하고 싶은 것도 많았지만 시어른들과 어린 남매를 위해서는 돈을 벌어야만 했다. 그러던 중 누군가에게서 해군이 배를 닦는데 걸레가 많이 필요하다는 얘기를 스치듯 듣고 머릿속에 아이디어가 떠올랐다.

　나는 고물상에서 헌 옷가지를 사들여 지퍼와 단추를 떼어내고 걸레를 만들어 해군에 납품하는 업자에게 넘겼다. 헌 옷에서 풍기는 냄새와 먼지에 시달렸지만, 더러운 옷들을 깨끗이 빨아 말려서 걸레로 만들었다. 다행히 자라는 남매의 우유, 간식거리 걱정 안하고, 쌀가게에 외상 안지고, 빚 안지고 먹고 살 수 있었다.

남편이 호주 유학에서 돌아오자 우린 마포집을 팔고 성북동으로 이사를 했다. 남편이 공직자 생활을 시작했지만 공직자 봉급으로는 넉넉한 살림살이를 기대 할 수 없었다.

나는 또 다른 일을 찾아서 돈을 벌어야 했다. 1960년대 중반, 초가집을 부수고 양옥집을 짓는 건설붐이 크게 일었던 시절이었다. 귀한 시멘트를 확보하기만 하면 돈을 벌던 그때, 동양 시멘트 대리점을 열었다. 처음에는 판로가 충분했지만 곧 다른 경쟁사인 쌍용시멘트가 들어서자 점차 물량이 남아돌기 시작했다.

나는 앉아서 기다리지만은 않았다. 이른 새벽, 중앙시장에 가보니 상인들이 새벽시장에 쌀과 야채를 실어왔다가 빈 트럭으로 가는 것을 보고는 그 트럭에 시멘트를 실어 지방에 내려가 파는 전략을 썼다. 새로운 판로를 개척하여 수익을 높인 것은 물론이고 빈 트럭으로 돌아가던 상인들도 이익을 보는 그야말로 일석이조의 윈윈전략이었다.

이 사업을 하면서 돈을 제법 손에 쥐게 된 나는 그 때부터 평소 꿈꿔왔던 골동품 수집을 하게 되었다. 그 시절만 해도 사람들이 우리 옛 것에 관심조차 없던 시절이었고 집안에 뒹굴어 다니던 것들이 귀찮아서 아무렇게나 고물상에 줘 버리는 형편이었다. 그러니 얼마나 헐값에 살 수 있었겠는가.

사람마다 취미나 취향이 다르다지만, 나는 젊은 시절부터 우리 조상들이 사용하던 옛 물건에 대해 관심이 많았고 마음에 들면 하나하나 모으는 것이 취미였다.

나의 애장품 중에는 평양반닫이, 경대, 삼층장, 사방탁자, 민화, 고서화, 산수화 등 다양한 미술, 공예품들이 있었다.

우리의 골동품 속엔 조상들의 소망인 부귀다남(富貴多男)이나 무병장수(無病長壽)의 뜻이 멋스럽게 새겨져 있고 음양오행(陰陽五行)의 이치가 담겨져 있다. 같은 용도의 물건이라도 시대변천이나 지방 특색에 따라 문양과 모양이 각기 다르다는 것을 알게 되었다. 골동품은 조상들의 슬기가 생활 속에 배어 있음을 은연중에 알게 해 주고 선조들이 무엇을 추구하며 살았나를 증명해 주는 귀중한 자료가 된다.

저마다 사연을 간직한 골동품은 경제적 가치를 따지기 보다는 그 하나가 마치 하나의 인생과 같다는 생각이 들면서 나와의 인연을 소중하게 생각했다.

마음에 드는 골동품 몇 가지를 우리 집 큰 방에 들여놓았다. 그 중에는 빈대를 눌러 죽인 핏자국까지 그대로 남아있는 조선반닫이나 민화도 있었다.

그 무렵 우리 집에 온 손님들은 시커멓게 때가 낀 고가구나 민예품을 보면서 허접쓰레기 같은걸 귀하게도 모셔뒀네, 참 이상한 취미를 가졌다며 상을 찌푸리거나 의아해하곤 했다.

오랫동안 골동품을 수집하다 보니 어느 시대, 어느 정도의 가문에서 사용했나를 눈썰미로 알게 되었고, 전문가 이상이라는 말까지 듣곤 했다. 소문이 나자, 골동품 상인은 물론이고, 심지어 고물상마저 오래된 물건을 입수했다 하면 먼저 내게로 가져 오곤 했다.

처음엔 취미생활로 수집했지만 점차 모아지자 목적이 생겼다. 노후를 위해 농장을 마련해서 주변을 잘 가꾸고 골동품을 전시하고 싶었다. 내 의도가 전해지면서 한때 전국에서 덩치가 크거나 제법 값어치 있는 골동품들이 나와 인연이 되어 꽤 많이 소장했었다.

이러한 경험과 취미는 후일 중남미에서 골동품 수집으로 이어졌고, 이것은 바로 중남미문화원의 태동이 될 줄을 누가 알았겠는가. 남편 퇴임 후 1993년 가을, 중남미박물관을 건축하면서 내 손때가 묻었던 우리나라 골동품들은 정리할 수밖에 없었다. 정리한 자금은 중남미문화원 박물관을 건립하는데 조금이나마 재정적인 보탬이 되었다.

순발력이 낳은 경영 마인드

가발과 속눈썹으로 엄청난 외화를 벌다

70년대 전까지는 외국 여행이 힘든 시기였다. 여권도 1회 밖에 쓸 수 없는 단수 여권과 장기간 쓸 수 있는 복수 여권으로 구분되어 있었다. 이러한 사회적 배경에서 외국을 자유롭게 드나들 수 있는 외교관 직업은 모두가 부러워하는 화려하고 멋있고 국제적으로 세련된 사람들이 모인 직업이었다. 그러나 그러한 시선 이면에는 우리나라가 가난했기 때문에 대사라 해도 박봉에 허리띠를 졸라매야 하는 어려움이 있었다.

파티문화를 필요로 하고 그것을 즐기는 남편의 뜻대로 자주 파티를 준비하다 보니 아이들의 교육 자금이 항상 부족했다. 외형적으로는 화려하지만 내부적으로는 가난했다. 그러나 이 가난은 누구에게도 하소연할 수도 없었고 티를 내서도 안 되었다.

집안 좋은 외교관들은 집에서 돈이며 선물을 보내와 비교적 풍족하게 지냈지만, 우리 부부는 오히려 타국에 와서도 시댁 식구들 살림을 책임지고 돌봐야 하는 처지였다. 이러한 가난한 외교관 생활을 벗어나기 위해 나는 돈을 벌어야 했다. 어려서는 학비 마련을 위해 신문팔이를 했고, 전쟁 중에는 소녀 가장으로 밥벌이를 했고, 시집와서는 공부하는 남편 뒷바라지로 걸레납품, 임대업, 시멘트 장사 등 어려울 때마다 타고난 순발력과 사업수완으로 난관을 헤쳐 나갔고 이것이 내게는 커다란 재산이 되었다. 두드려라. 열릴 것이다. 내게는 돈을 벌 수 있다는 육감, 예감이 항상 솟구쳤다. 때를 기다리자.

그 예감은 운명처럼 내게 실현되었다.

1970년, 멕시코에서 돌아와 국내에서 중남미 과장을 하고 있을 때였다. 조선호텔에서 누구를 만나려고 잠깐 들렀을 때 멕시코에서 절친하게 지내던 브라운이라는 영국계 멕시코 사업가와 우연히 마주쳤다. 우리 부부는 생각지도 않게 한국에서 그를 만나게 된 것이 너무나 반가워서 저녁 식사에 초대했다. 저녁 식사시간에 그가 한국에 온 사정을 자세히 듣게 되었는데, 그는 한국에서 무역상을 통해 가발과 속눈썹을 사들여 외국에 가져가는 무역업을 하고 있었다. 수익이 어떠하냐는 내 질문에 그는 꽤 괜찮은 사업이라며 자신 있게 말했다.

60년대 말부터 한국의 여공들이 만들어 수출하는 가발과 속눈썹이 굉장한 외화벌이로 급부상하고 있을 때였다. 그 말을 듣는 순간 이것이야말로 좋은 사업이 틀림없다는 확신이 번개처럼 스쳐갔다. 나는 입술에 침하나 안 바르고 그에게 거짓말을 했다.

"우리 사돈이 속눈썹, 가발 공장을 가지고 있어요. 중간 업자 무역상을 통하지 않고 직거래를 하면 훨씬 싸게 살 수 있는데 한 번 알아볼까요?"

필요한 거짓말도 절대 통하지 않는 남편이 당신이 무슨 사돈이 있어서 가발 공장을 하느냐고 물을까봐 얼마나 마음을 졸였는지 모른다. 브라운은 몹시 기뻐하면서 그렇게만 해 주면 참으로 고마운 일이라고 반색하며 주저 없이 그 자리에서 가격이 적힌 리스트와 샘플을 내게 넘겨주었다.

이제 나의 순발력이 빛을 발휘할 순간이었다. 그 다음날부터 생소한 가발, 속눈썹 공장을 발로 뛰며 찾아다니기 시작했다. '뜻이 있으면 통한다'는 내 평소 신념대로 기회를 절대 놓쳐서는 안 되었다. 돈을 벌 수 있다는 확신으로 지칠 줄 모르고 다닌 끝에 드디어 공장에 대한 정보를 알아냈다.

서울 시내 가발 공장 분포지는 불광동에도 있긴 했지만, 가장 많이 몰려 있던 곳은 미아리였다. 나는 미아리로 달려갔는데, 그곳에 가니 소규모의 가발, 속눈썹 공장이 가내 수공업으로 다닥다닥 붙어 있었다. 그 작은 규모의 공장에서 만든 가발과 속눈썹이 무역회사로 넘어가면, 회사는 큰 웃돈을 붙여 외국 바이어들에게 넘기는 것이었다. 발에 물집이 생기도록 하나도 빠짐없이 공장이란 공장은 다 찾아다니며 단가를 조사해 보니 브라운이 넘겨 준 가격보다 절반이나 싼 가격으로 판매되고 있었다. 나는 곧 일에 착수했다. 브라운에게 이익을 남겨 주고 나 또한 이익을 보는, 말하자면 자본금 한 푼 없이 시작한 무역업인 셈이다. 나는 작은 무역업체를 선정해 외국에 나가 있는 동안 대행을 하게 했고 사업은 크게 성공하여 많은 돈을 벌게 되었다.

1972년, 다시 스페인으로 떠나게 되었다. 성북동 집을 오랜 기간 전세를 주느니 차라리 파는 게 낫다 싶어 팔았다.

가발, 속눈썹 장사로 난생 처음 번 거금과 집 판돈을 손에 쥔 나는, 이 돈을 어떻게 해야 할까 고민에 빠졌다. 옛날부터 우리나라 사람들은 재산을 안전하게 보존하는 데는 땅에 묻어야 한다는 생각이 지배적이었다.

실수 없는 투자를 위해서는 변화하는 사회상을 읽어야 했다. 경제, 정치 이 모든 것이 함께 맞물려 돌아가기 때문이다. 역시 땅을 사는 것이 제일 안전하다는 결론을 내리고 서울 지도를 펴놓고 꼼꼼하게 살폈다. 허허 벌판이던 강남땅이 꿈틀대고 있을 때였다. 강남의 땅 중에서도 앞으로 크게 발전할 수 있는 자격조건을 갖춘 땅이 내 눈에 들어왔다. 그것은 압구정과 사당동, 그리고 그 두 지역 사이에 있는 방배동이었다. 그런데 당시의 압구정동 땅값은 계속 올라갔고, 사당동은 삼성에서 예술인 마을을 짓는 등 한참 개발 붐을 타고 있었다. 그런데 이상하게 방배동만은 그 때까지도 잠잠했다.

그 이유를 나름대로 조사 해보았다. 그리고 곧 원인을 알게 되었다.

방배동에는 올망졸망한 땅을 가지고 있는 소지주들이 많은 반면, 커다란 덩어리를 가지고 있는 사람들이 없었다. 소지주들이 수백 명이나 되니 쉽게 개발이 될 수 없었다. 게다가 장마만 지면 물이 차던 동네였기 때문에 아무도 주목하지 않았다. 당연히 땅값도 쌀 수밖에 없었다. 그 땅을 사놓으면 장차 커다란 재산이 될 것만 같았다. 스페인으로 떠나기 전에 꼭 방배동 땅을 사 놓아야만 할 것 같았다. 도로 주변의 땅, 지금의 내방역 주위의 알짜배기 땅들이 하나하나 내 소유로 변했다. 그 후 이 땅은 엄청난 가치가 되었다.

은퇴 후 서울 근교에 농장을 마련하고 싶어서 알아보던 중 내 관심을 끈 땅이, 향교를 옆에 둔 고양군(현 경기도 고양시 덕양구 고양동) 지역이었다. 예로부터 향교와 절이 위치한 터는 풍수지리적으로 제일 좋은 터라는 말이 있다. 향교는 정남 향에 북한산성이 보이는 참 좋은 터였고, 그 땅을 아침에 보고 난 후, 오후에 곧바로 계약했다. 오늘의 중남미문화원 터전이 된 곳이다.

많은 재산을 모았지만 나는 결코 허투루 쓰지 않았다고 자부한다. 나 자신을 위해 보석 하나 사 모으지 않았고, 호의호식 하지도 않았으며 정말로 검소하게 살아왔다. 오늘날, 그 때 투자한 부동산의 가치는 중남미문화원을 탄생시키는 밑거름이 되었다.

전답이 대부분이던 1980년대 초반 고양동 모습

동네 노인들과 막걸리 한 잔

1970년대 초 멕시코에서 영사 근무를 마치고 외무부 중남미 과장으로 발령을 받아 한국에서 지내던 때였다. 남편과 아이들은 성북동 집에서 시어머니와 살고, 나는 고양군에 사놓은 땅을 개간하기로 마음먹고 그곳에 머물렀다.

당시 고양동은 허허 벌판에 초가집 몇 채가 있을 뿐이어서 숙식할 곳이 마땅치 않았다. 이런 처지를 알게 된 나이 지긋한 이장 부부가 자기 집에 와서 밥도 먹고 잠도 자라고 권유했다. 나는 기꺼이 그 집에 머물면서 낮이면 묘목을 심고 밭도 일구고 밤이면 고단한 몸으로 이장 집에 들어가 잠을 자며 여자 농군의 삶을 시작했다.

아이들은 시어머님이 돌봐주셨고, 일요일에는 남편이 애들을 데리고 나를 보러 왔다. 서울 생활과 등진 채 사다 놓은 묘목을 심고 물을 주며 가꾸었고, 한편에서는 잡풀을 뽑고 돌을 골라내어 밭으로 꾸몄다. 나는 시간을 내서 시골 각지에 돌아다니며 농장에 어울릴 만한 작은 물레방아, 망부석, 석등, 큰 돌절구, 맷돌 등 골동품을 수집해서 농장 곳곳에 놓았다.

이장 집에는 노부부와 가족들이 살고 있었는데 방 하나에 할아버지가 아랫목에서 자면 그 옆에 할머니, 할머니 옆에 내가 잤다. 그 두 분이 얼마나 내게 잘해 주셨던지 나는 '이장 어머니'라 불렀다. 겨울 새벽녘, 잠을 자다 문득 깨보면 방바닥 틈새로 군불 연기가 솔솔 올라왔다. 이장 어머니가 아궁이에 장작불을 지펴 방을 데우는 것이었다. 혹시 내가 추울까봐 자다가 일어나 불을 때주시던 이장 어머니의 따뜻한 정은 지금도 잊을 수 없다.

먼동이 터 올 무렵 잠에서 깨어나 부엌에 나가보면 이장 어머니는 군불을 때면서 그 속에 묻어두었던 감자를 꺼내 내게 건네주곤 했다. 지금도 기억이 생생한 화로에서 보글보글 끓여낸 걸쭉한 된장찌개를 얼마나 맛나게 먹었던지. 지금도 그때의 된장찌개가 먹고 싶은 생각이 불쑥불쑥 든다. 이장 어머니는 외교관 부인이 아무 음식이나 잘 먹는다는 사실이 그렇게나 좋았나 보다. 정신없이 먹다가 문득 고개를 들어보면 흐뭇한 표정을 짓고 나를 바라보셨다.

저녁이면 이장 어머니와 나는 여느 모녀지간처럼 휘영청 밝은 달과 별이 총총한 밤하늘 아래 평상에 앉아서, 가난하지만 인정 많고 소박한 생활 얘기를 나누기도 했다. 이장 어머니는 허름한 작업복을 입고 미장원에도 안 가고 값진 반지 하나 끼지 않은 외교관 부인인 나를 처음에 이해할 수 없어 '이상한 젊은 댁'이라고 했다. 가난했던 시절을 지나온 나이기에 돈이 제법 있을 때에도 사치란 걸 모르고 살았다.

일에 몰두하다 보면 어느 때는 끼니를 놓치기도 했다. 늦게 가서 밥을 달라기엔 이장 어머니께 미안하니까, 그럴 때는 막걸리를 사와서 농장에서 일하는 분들과 나눠 마시기도 했다. 몇 번 그렇게 하니, 어떻게 알았는지 동네 할아버지 몇 분이 와서 함께 어울려 막걸리를 마셨다. 먹고 살기에도 힘이 들던 그 시절의 농촌에서 별다른 주전부리도 없던 터에 얼마나 좋은 요깃거리였는지 모른다.

커다란 통에 가득 채운 막걸리 한 말이 몇 십 원, 안주라야 장아찌와 김치가 고작이었지만, 할아버지들은 오후가 되면 내가 막걸리 사오기만 고대하고 있었다. 빈속에 막걸리 한두 사발 들이켜다 보면 취기가 솔솔 올라오곤 했다. 그리고 연탄 때는 집도 드물었던 가난한 고양리에서 나는 노인회관에 오랫동안 연탄을 대 주기도 했다. 이렇게 어르신들과 잘 지낸 덕에,

마을 노인회관에서 주는 감사패까지 받게 되었고, 지금도 그것을 소중하게 간직하고 있다.

그 시절, 나는 사람이 '어떻게 살아야 행복할 것인가'하는 행복의 의미를 새삼 깨달았다. 가난하고 소박하지만 인정 넘치는 삶이 주는 행복은 마치 흙 속에서 캐낸 진주 같았다.

동네 노인들과 막걸리 한 잔

충남 서산, 나무골을 돌며

농장에 심을 묘목을 많이 사다 보니 그것을 사는 데에도 요령이 생겼다. '씨상'이란 것과 '꺾꽂이상'이란 것이 있다. 씨상은 씨에서 나온 묘목이고 꺾꽂이상은 꺾꽂이에서 나온 묘목이다. 물론 씨상이 좋은 품질이다. 심어 놓으면 둘 사이에 확연한 차이가 있다. 하지만 장사꾼들은 자신의 묘목을 죄다 씨상이라고 하지 어느 누구도 꺾꽂이상이라고 말하지 않는다. 그들이 진실을 말하지 않는 한 나로서도 그것을 구분할 재간이 없었다. 나는 어떻게 하면 속지 않고 씨상을 살 수 있을까 궁리했다. 그러다 좋은 묘안이 떠올랐다. 이게 무슨 씨상이에요. 내가 보니 꺾꽂이상인데…… 이렇게 약을 올려놓으면 진짜 씨상을 파는 상인은 반드시 화를 내게 되어 있다. 화를 많이 내는 사람의 것을 샀음은 물론이다. 사과상자 하나에 천 주 가량의 묘목이 들어있다. 씨상 한 상자를 사오면 먹지 않아도 그렇게 배가 불렀다. 그런 날이면 힘이 드는 줄도 모르고 신나게 묘목을 심었다. 하루해가 어떻게 가는 줄도 모를 정도였다.

하루는 친구가 놀러왔다. 농장이라 하니 뭐 대단한 거나 되는 줄 상상하고 왔던 친구는 실망한 얼굴을 감추려 들지 않았다. 심은지 며칠 되지 않은 거라 뿌리를 내리지 못해 시들시들 하거나, 아직은 어린 것들이니 당연한 반응이었다. 하지만 나는 웃기만 했다. 친구의 눈에 곧 죽어버릴 것처럼 보였겠지만, 나는 그것들이 커서 이담에 새파랗게 될 걸 확신하고 있었기 때문이다. 물을 주고 정성스레 가꾸기만 하면 반드시 자라게 되어 있는게 나무다.

묘목을 갓 심은 농장에 놀러온 친구들 (1970.봄)

묘목만 심다 보니 나는, 점점 더 욕심이 나기 시작했다. 조금 더 큰 나무가 있으면 좋겠다는 생각을 하게 된 것이다. 그때 누군가 충남 서산에 가면 좋은 나무들이 많이 있다고 귀띔을 해 주었다. 나는 D데이를 음력 섣달그믐 무렵으로 정했다. 설날을 앞두고 돈이 아쉬운 사람들이 꼭 좋은 나무를 팔 것 같았다. 운전기사를 대동하고 무작정 서산으로 갔다.

서산에 도착하니 밤이 되어 있었다. 우린 여관에 들어갔다. 당시 여관이란 게 백열등 하나에 이쪽저쪽 두 방을 비추게 되어 있었으니 나도 참 배포도 컸다. 한 쪽 방에는 운전기사가, 또 다른 방에는 내가 잤다. 다른 여자 같으면 어찌 그럴 수 있었겠는가. 난 생리적으로 두려움이 없다.

이튿날 우린 나무를 찾아 다녔다. 이 집 저 집 다니다. 담장 안쪽에 서있는 좋은 나무를 발견하면 무조건 집주인을 만나 값을 후하게 줄테니 팔라고 했다.

판다는 사람이 있으면 그 자리에서 선불을 주고, 가져간 종이에 계약서 같은 의미로 집 주소와 계약한 나무 수를 적었다. 겨울이라 당장 나무를 캐 갈 수 없었던 것이다. 그렇게 여러 집을 다니다 보니 점심때가 되어 배는 고파 오는데, 아무리 찾아봐도 음식점이 없었다. 참을 수 있을 때까지 참다가 도무지 견딜 수 없을 지경이 되었을 때, 우린 아무 집에나 들어가서 돈을 드릴 테니 밥을 좀 달라고 부탁했다. 우리가 들어간 집에는 손

그때의 묘목이 자라서 정원을 가득 채운 관상수가 되었다.

님 대접할 밥은 따로 없지만, 설을 쇠려고 만들어 놓은 가래떡이 있으니 그거라도 잡술 테냐고 물었다. 그걸 마다할 우리가 아니었다. 운전기사와 내가 가래떡을 하도 맛나게 먹으니 주인이 곁들여 먹으라며 집에서 담근 동동주를 갖다 줘 떡을 안주 삼아 마시고, 다시 동네를 돌면서 나무를 계약했다.

그리고 이듬해 3월이 되자 운전기사와 나는 다시 서산으로 가서 계약했던 나무를 캐왔다. 문화원내에 있는 나무 중 아름드리 큰 나무는, 40년 전 동동주를 마시고 사온 나무들이다. 오늘날, 그것들이 자라서 그늘을 만들고 새에게 둥지도 마련해주고 있다.

충남 서산, 나무골을 돌며

사라진 운보의 그림

　1967년, 외교관으로서 첫발을 내딛던 멕시코 영사 시절, 당시 월급 500불을 받으며 엘리베이터도 없는 낡은 아파트에서 생활비를 쪼개며 살던 말단 외교관 시절에도 남편은 우리 집에서 파티를 열며 타고난 외교관의 기질을 발휘하기 시작했다.
　물론 현지인들과 친교를 맺으며 자국의 좋은 이미지를 각인시키는 것이 곧 국위를 선양하는 것이며 외교라는 것은 알고 있다. 하지만 나는 어떤가. 아내로서, 두 아이의 어머니로서 국가보다는 당장 우리 가족이 살고 봐야 한다는 마음이 우선이었다. 솔직한 심정으로 '대사도 아닌데 뭐하러 우리집에서 파티를 하나.'라는 생각했다.

　하루는 김기창, 박래현 부부가 멕시코를 방문했다. 운보 김기창 화백의 40대 시절이었다. 나는 화가를 꿈꾸었던 사람이라 더욱 기쁜 마음으로 김화백 부부의 관광을 도와주고 정성껏 대접했다.

머나먼 이국에서의 환대가 고마웠는지 김 화백 부부는 우리에게 그림 넉 점을 선물하고 떠났다. 한국에서 가져 온 것도 있었고, 그 자리에서 즉석으로 그려 준 것도 있었다. 즉흥적으로 그려준 그림으로 기억에 남는 것은 말 그림이었는데 김 화백이 전성기 때였으니 그 말의 기백이 얼마나 대단했겠는가. 우리가 받은 그림 중에는 박래현 여사의 것도 있었다.

그런데 얼마 후, 멕시코 친구들을 초대하여 저녁식사를 대접할 때였다. 즐겁게 식사를 즐긴 후 커피를 마시며 담소하고 있는데, 슬며시 자리를 비운 남편이 다시 나타났을 때 그의 손에는 김 화백 부부가 우리에게 선물한, 표구도 안 한 그림 넉 점 모두 들려져 있는 것이 아닌가! 나는 순간적으로 너무 놀라 얼굴이 새파래졌다.

'설마 저 그림을 저들에게 주랴. 보여만 주고 말겠지.'라고 생각하는 한편으로 내 애간장은 다 녹아들어가고 있었다.

잠시 후, 나는 경악을 하고 말았다. 그 보석과도 같은 그림을 멕시코인들에게 하나하나 선물로 나눠 주는 게 아닌가!

그들은 작가가 얼마나 훌륭한지, 그림이 어느 정도의 가치

운보(雲甫) 김기창 화백 (1913~2001)

를 지니고 있는지도 모르는 채 받아 가지고 떠났다. 그림의 가치도 모르는 그들이 작품을 소중하게 보관하고 있을까.

김기창 화백이 한창 때 그린 그 그림들은 행방조차 모르고, 특히 박래현 여사의 그림은 현존하는 것조차 많지 않다고 한다. 지금도 그 생각만 하면 머리가 터질 것 같고 가슴이 싸안하게 아파온다. 특히 IMF때 문화원이 경제적으로 어려워 전기세도 못 낼 지경이던 시절에는 더욱 간절하게 생각이 나기도 했다. 그만큼 남편은 아무런 대가를 바라지 않고 베풀고 대접하기를 좋아하는 성품이었다. 덕분에 내 속은 여러 번 타버렸다는 것을 모르는 채 말이다.

외교관 부인 노릇하기 고달파도

　나는 외국인 손님들을 모아 파티 여는 것은 즐기지 않았지만 교민들과 유학생들을 초대해서 밥 먹이는 것은 매우 좋아했다. 유학생 친선 탁구대회가 열리기라도 하면 모두 우리 집에 끌고 와서 음식을 먹여 보내야만 마음이 편할 만큼 그들을 아꼈다. 교민들과 아무런 격의 없이 모여 앉아 오이지를 손으로 찢어 먹기도 하고, 칼도 안 들어가는 냉동 참치를 손으로 찢어가며 요리를 해 주기도 하고, 직접 김밥을 말아 주기도 했다. 교민들뿐 아니라 유학 온 학생들에게도 최선을 다했다.

　스페인 주재 참사관 시절이었다. 하루는 교민들과 대사 내외와 대사관 직원들 사십 여명이 피크닉을 갔다. 자고로 우리나라 사람들은 야외에 나가면 고기와 된장을 넣어 푸짐하게 쌈

싸먹는 것을 즐긴다. 그래서 불고기 사십 인분을 양념해 가야 하는데, 그곳 정육점에는 쇠고기를 얇게 써는 기계가 없었다. 맛있게 먹이고 싶은 일념에 나는 그 많은 고기를 일일이 손으로 썰었다. 교민 하나와 단 둘이서 그 일을 하는데 손가락이 떨어져 나가게 아파왔다. 그러나 교민들과 유학생들이 맛있게 먹을 것을 생각하니 고생스러웠지만 즐거웠다.

우리 모두 들뜬 마음으로 아름답고 넓은 들판에 모여 둥그렇게 앉아 게임도 하고 재미있게 놀았다. 날씨도 무척 좋았다. 마치 고국에 와 있는 듯한 기분이 들었다. 그런 곳에 오면 고기 굽는 것은 늘 내 차지였다. 누가 시키지 않아도 내가 직접 모든 것을 해야 직성이 풀리는 내 성미 탓이다. 불 옆에서 그 많은 고기를 땀을 뻘뻘 흘려가며 구우면 교민과 유학생들이 가져다가 맛있게 먹었다. 남편은 고기 써느라 붉게 부푼 물집 생긴 아픈 손으로 비 오듯 땀을 흘리며 고기 굽는 아내에게 위로의 말 한마디 없이, 교민들과 친교 맺느라 여념이 없고 즐겁기만 했다. 그런 남편이 속으로 야속했지만 자신의 직업에 철두철미한 사람이라 이해하며 스스로 위안을 했다.

피크닉이 끝날 무렵, 대사 부부가 내 등을 토닥거리며 "미시즈 리, 그 많은 고기 썰고 굽느라 고생 많았지?"라고 위로의 말을 건넸다. 대사 내외는 인품이 좋은 분들이었다. 따뜻한 위로의 말에 그만 눈물이 왈칵 쏟아졌다. 그간의 힘든 일들이 주마

교포들과 즐거운 한때

등처럼 뇌리를 스쳐갔다.

  남편을 위해 유학 보낸 후, 풀풀 나는 먼지와 냄새 속에서 콧구멍이 시커메지도록 걸레 공장을 해가며 어려운 살림살이를 꾸려갔던 일, 임신해서도 먹고 싶은 것 참아내며 시댁 빚 갚아가던 일, 대사관저에 일이 있으면 늘 쫓아가 궂은 일을 마다 않고 도맡아 했던 일. 다 남편을 위한 일이었다. 남편이 외교관이 되어 내가 큰 호강이라도 하는 줄 아는 시댁 식구들은 이 서러운 눈물을 결코 이해 할 수 없을 것이다.

외국 대사관에서 주최한 파티가 있어 우리 내외가 참석하면 남편은 각국 외교관 부인들에게 인기가 무척 좋았다. 국제적 매너에 영어와 스페인어에 능숙했으니 어찌 인기가 없었을까. 반면 나는 언어도 부족하고 그런 자리가 체질상 맞지 않아 늘 불편했다.

파티 다음날, 남편은 현지 신문에 내 사진이 꼭 실려야 직성이 풀렸다. 그러니 어쩌겠는가. 멋있게 보여야 신문사에서 나를 찍어줄 것이 아니겠는가? 남편의 소망을 들어주기 위해 파티가 있을 때면 화려한 한복을 차려입고 머리도 예쁘게 쪽을 찌고 참석했다. 동양의 여자가 그렇게 입고 나타나면 신기하니까 기자들이 내 앞에 몰려와 카메라 플래시를 연신 터뜨렸다. 그러면 나는 최대한 우아한 미소를 짓고 사진 포즈를 취해주었다.

다음날이면 거의 대부분 현지 신문에 내 모습이 대문짝만하게 나온다. 어쩌다 내가 아닌 다른 나라 대사 부인의 모습이 실리면 남편은 몹시 언짢아했다. 파티 석상에서 언제나 자신의 아내가 최고로 멋지게 보여야 한다는 남편의 열망 때문에 남편이 원하는 대로 최대한 열심히 가꾸고 나갔다.

나는 원래 히피 기질이 다분한 자유분방한 여자였다. 그래서 격식 차리는 것을 매우 싫어해 20대에는 남들이 감히 엄두도 못내는 파격적인 의상을 입고 다녔다. 타인의 시선을 신경

멕시코 영사시절 (1967)

111
외교관 부인 노릇하기 고달파도

쓰지 않는 자유로운 성격 때문이었다. 내가 입고 싶은 대로 입고, 하고 싶은 대로 살아가는 사람이었다. 그러나 남편이 외교관이 되면서 내 개성을 죽이고, 누구보다 격식을 중요시해야 하는 삶을 살 수 밖에 없었다.

비록 나의 본성은 자유를 추구한다 하더라도, 이복형 대사는 내 남편이고 그는 한국을 대표하는 외교관이다. 외교관의 아내로서 할 일은 해야 했다. 집에서 불만을 드러낼지언정 파티 석상에서는 최대한 남편의 부끄럽지 않은 아내로서 역할을 다하고자 노력했다. 나의 고달픈 외교관 남편 뒷바라지는 그 후로도 한없이 이어졌다.

멕시코 대통령 부인, 자선 바자 (1990.4)

코스타리카 기도회

1970년대에는 남미로 이민 왔다가 자식 교육 때문에 점차 북상하여 미국으로 들어가기 위해 코스타리카에 체류하는 교민이 많았다. 교민들은 외국에서 많은 고생을 겪다보니 감정이 예민해져 있었는데 비해 대사관 직원들은 박봉에 과중한 업무로 교민들에게 일일이 친절하게 대하지 못했다. 그렇다보니 자신들의 처지를 알아주지 않는다고 생각한 교민들은 대사관을 원망하며 잦은 분쟁을 일으켰다.

남편이 코스타리카 대사로 재직하던 시절이었다. 코스타리카 심포니 오케스트라 첼리스트 단원으로 있던 손민자라는 교민이 있었다. 그녀는 마음씨가 비단결 같을 뿐만 아니라 매우 독실한 크리스천이었다. 그때만 해도 아직 믿음이 없던 나에게 늘 같이 교회에 가자며 "우리 사모님 같으신 분이 예수를 믿어야한다"고 했다. 어느 날, 소원 들어주는 셈 친다고 그녀의 손에 이끌려 미국인 교회에 나갔다. 그때만 해도 한국인 교회가 없던 시절이었다. 우리말 설교도 못 알아들을 판에 영어 설교를 알아들을 턱이 없었다. 대충 시간만 때우고 교회에서 나눠 준 주보를 가지고 관저로 돌아왔다.

그날 저녁, 나는 주보를 천천히 읽어 보며 한글 성경을 찾아보았다. 그러던 중 내 마음에 한 줄기 빛처럼 다가온 성경 구절을 발견했다.

"내일 일을 위하여 염려하지 말라. 내일 일은 내일 염려할 것이요 한 날 괴로움은 그날에 족하니라 (마태복음 6장 34절)"

마치 나를 위해 준비된 말씀 같았다. 갈증으로 가득했던 영혼을 적셔 준 그 말씀 한 구절이 바로 불교 신자였던 내가 예수를 믿게 된 신앙의 마중물이 된 것이다.

어느 날, 손민자가 다급하게 내게 달려왔다.

"사모님! 큰일났어요. 교민들이 영사님을 혼내주기로 했대요. 어쩌면 좋아요?"

혼내준다는 것은 교민들이 영사에게 집단으로 폭력을 행사하겠다는 것이다. 당시 현지 교민들은 농업 이민자이거나 영세 상인인 경우가 대부분이었다. 이런 교민들이 여권을 연장하러 대사관에 오려면 하루 장사나 밥벌이를 쉬고 오는 것이다. 어렵게 찾아온 대사관에서 일처리를 바로 해주지 않고 차일피일 미루다 보면 생계에 많은 지장이 있었다. 이런 일로 불만이 가득했던 교민들이 모인 자리에서 집단 폭력을 행사하겠다는 얘기가 흘러나온 것을 손민자가 우연히 듣고, 자기가 좋아하는 우리 부부가 영사 때문에 불이익을 당할까 걱정이 되어 내게 제보를 해 준 것이다.

폭력의 대상이 내 남편은 아니지만 영사를 당하게 내버려 둘 수는 없는 일이었다. 나는 주동자들이 누구인지 알아냈다. 그들이 한인교회가 없어서 '장집사'라는 교민 집에 매주 일요일 모여 예배를 드린다는 정보를 알아냈다. 그래서 손민자에게 돌아오는 주일에는 미국인 교회에 가지 말고 나와 같이 장집사 집에 가 보자고 약속을 했다.

드디어 일요일이 되었다. 그들이 막 예배를 시작하려고 하는 찰나, 예고도 없이 대사 부인인 내가 갑자기 나타나자 교민들은 깜짝 놀라며 어쩔 줄 몰라 했다. 나는 천연덕스럽게 거짓말을 했다. 그것은 하얀 거짓말이었다.

"민자하고 볼일이 있어서 이 근처를 지나다가 장 집사님 댁이 여기라고 해서 잠깐 들렀어요. 민자야, 우리 약속을 조금 늦추고 너도 오늘 미국교회에 못 나갔으니 여기서 같이 예배드리자. 그래도 될까요?"

이렇게 해서 자연스럽게 손민자와 나는 교민들 틈에서 예배를 드리게 되었다.

그 날 예배 중에 장집사 부인의 기도가 내 가슴에 커다란 감동을 줬다. 나도 모르게 눈물이 줄줄 흘러 내렸다. 그간의 괴로웠던 일들이 머릿속을 스쳐 지나가며 나를 울렸다. 눈물이 너무 많이 나와 화장실에 가서 씻고 돌아와 예배를 봐야만 했다.

그것은 거짓 눈물이 아니었다. 신앙적으로 표현하자면 그 부인의 기도에 '은사'가 있었고, 내 마음에 '성령이 임하신' 것이었다. 일주일 동안 잠 못 이루던 고민과 갈등이 한꺼번에 해결되는 것 같았다.

예배가 끝나고 돌아가려 하는데 맛있는 된장국 냄새가 내 코를 자극했다. 나도 좀 얻어먹자고 했더니 교민들이 펄쩍 뛰었다.

"아이고, 대사 사모님이 오실 줄 몰라서 아무것도 준비한 게 없는데……."

대사 부인이 뭐 별건가. 다 똑같은 한국 사람이고 똑같은 입인 것을. 가난하게 자란 내가 대사 부인이 됐다고 뭘 그렇게 잘 먹고 잘 살았겠는가.

그동안 걱정 때문에 못 자고, 못 먹기도 했고, 오늘 눈물까지 펑펑 쏟아서인지 된장국이 그렇게 맛있을 수가 없었다. 오

코스타리카 교민 기도회 (1978)

장육부가 다 시원했다. 그 사람들이야 대사 부인이 자기네들과 똑같이 소탈하게 잘 먹어주니 고맙다고 생각했겠지만, 난 나대로 아무것도 아닌 내가 왔다고 감동하는 그들에게 더 감사했다. 나는 내친 김에 다음 일요일에는 우리 대사관저에서 예배를 보면 어떻겠냐는 제안을 했다.

교민들이 다시 감동을 받았음은 물론이다. 이렇게 해서 내가 주관하는 코스타리카 기도 모임이 시작된 것이다. 다음 몇 주는 대사관저에서, 그 다음은 교민들 집, 태권도장 등 돌아가며 모이고 하는 사이에 대사관과 교민과의 불화는 눈 녹듯 사라졌고 그 후 기도 모임은 더욱 활발하게 이루어졌다.

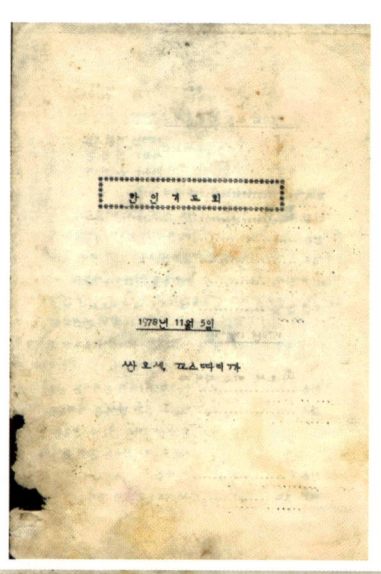
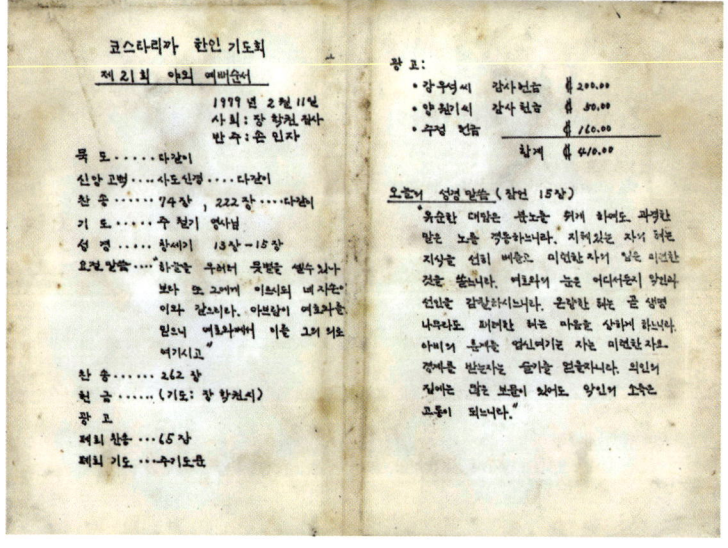

지금도 소중히 간직하고 있는 당시 주보들 (1978)

교민들과 갈등이 있던 영사가 다른 곳으로 발령받아 가고 새로 부임한 주철기 영사는 원래 목사가 되고 싶어 했던 이였다. 나는 그에게 교민들이 어려움에 처했을 때, 대사관에서 따뜻하게 해 주지 않으면 그들이 어디로 가겠냐며 그간의 일을 이야기해 주었다. 그러자 그는 먹고 사느라 시간에 쫓기는 교민들이 여권을 연장하러 오면, 그 날로 해결해 주고 한 술 더 떠서 교민들 집까지 갖다 주기도 하는 등 헌신적인 모습을 보여주었다. 지금, 그때의 주철기 영사는 프랑스 대사직을 끝으로 은퇴하여 부부 모두 '사랑의 교회'에서 장로, 권사 직분을 맡아 열심히 해외 선교 봉사에 힘쓰며 제2의 인생을 살다가, 정부에서 큰 직분을 맡아 국가에 봉사하고 있다.

새로 온 영사와 손발이 척척 맞으니 내가 얼마나 신이 났겠는가. 기도회 할 때 이젠 대사관에서 등사를 이용하여 주보까지 만들었다. 미국 뉴욕 코넬대에서 공부하고 있던 딸 미종이를 만나러 갈 때면, 그곳 교회에 가서 주보를 가지고 돌아왔고, 또 뉴저지의 친구 집을 방문할 때도 그곳 교회에 가서 주보를 가지고 와서 우리 주보를 만드는데 응용하기도 했다. 그 즈음 내가 얼마나 성경에 푹 빠져 있었는지 잠자는 것도 잊어버릴 정도였는데, 밤새 성경을 읽노라면 구절구절이 어찌나 감동을 주던지 당장 신학대학에 들어가 전도사가 되고 싶었다.

우리가 이렇게 단합을 해서 일요일마다 모이니 이 소식을 들은 교민들이 하나 둘 모여들기 시작하며 나중에는 수십 명이 모였다. 나는 손민자에게 미국교회에 가지 말고 우리와 함께 예배를 드리며 교민 자녀들로 구성된 어린이 찬양대를 만들어 달라고 부탁했다. 손민자와 아이들의 노력으로 찬양 실력은 날로 일취월장하고 지역 사회에 유명하게 되자, 코스타리카 텔레비전 방송국에 고운 한복을 입고 출연하여 아리랑을 부르기도 했다. 그 후에는 우리 대사관이 주최한 '한국·코스타리카 친선의 밤' 행사에 코스타리카 대통령 부인을 초청하여 태권도 시범과 어린이 합창 공연, 주철기 영사 부인의 기타와 노래 공연까지 멋진 행사를 해 내기도 했다. 정말 놀라운 일이었다.

이러한 행사를 준비하는 과정에서 큰 역할을 해준 남편도 일요일이면 혼자 골프 치러 다니던 것을 그만두고, 자연스럽게 우리 기도회에 나오게 되었다. 교회가 재미있으니 일요일만 되면 아이들이 서로 교회에 가겠다고 했다. 그러니 부모들도 따라서 나오기 시작했다. 그리하여 나중에는 코스타리카 체류자와 교민 거의 모두가 한 자리에 모이게 되었는데, 타국에서 서로서로 위로해 주며 일구었던 기도회의 감동은 평생 잊지 못할 추억으로 남아있다.

코스타리카 한인 어린이 합창단 (지휘 손민자)

코스타리카 대통령 부인 M.Oduber (관저, 1974)

자살 직전의 교민을 일으켜 세우다

어느 날 손민자가 또 사색이 되어 나를 찾아왔다.
"사모님, 제 학교 선배 하나가 자살을 하려고 해요. 아르헨티나에서 교민에게 사기를 당했는데, 그나마 조금 가지고 있던 돈을 이곳에 와서 또 사기 당했대요. 이젠 알거지가 되어 끼니조차 어렵다고 해요. 무슨 방법이 없을까요?"
나는 손민자의 말을 듣고 당장 그녀를 내게 데려오라고 했다. 죽게 내버려 둘 수는 없었다.
손민자는 자기 선배라는 성곤 엄마를 대사관저로 데려왔다. 성곤 엄마는 눈물 콧물을 흘려가며 그간의 애환을 들려주었다. 그녀의 얘기를 듣고 난 후, 할 수 있는 일이 뭐가 있냐고 물었더니 이민 오기 전에 뜨개질을 배웠다고 했다. 또 가지고 있던 물건 중 돈이 될 만한 물건이 있느냐 물었더니, 순금붙이와 은

수저가 조금 있노라고 했다.

그녀를 돌려보낸 후, 밤잠을 설쳐가며 궁리한 결과 편물 기술로 옷이나 숄을 만들어 팔아야겠다고 생각했다. 당장 그 다음날부터 성곤 엄마에게 뜨개질을 시켰다. 나는 내 할 일 모두 제쳐 두고, 그녀 옆에 붙어 앉아서 용기를 주며 도와주었다.

그녀의 남편은 법원에서 근무하던 공무원 출신이었는데, 이국 만리에 처자식을 데리고 와서 사기 당하고, 식구들이 굶어 죽게 생겼으니 그저 말없이 줄담배만 피워댔다.

뜨개질 한 물건들이 어느 정도 확보되자, 교민 중에서 구두 공장 하는 사람에게 딱한 사정을 말하고 구두를 외상으로 원가에 샀다. 성곤 엄마와 나는 구두와 뜨개질 한 것을 보따리에 싸서 자동차에 실어 부자들이 살고 있는 동네로 갔다.

물건이 잔뜩 든 보따리를 들고 나간 성곤 엄마가 집집마다 방문하여 그것들을 파는 동안, 나는 자동차 안에서 초조함을 달래기 위해 성경도 읽고 찬송가도 부르며 기다렸다. 그러다가 두서너 시간 동네를 한 바퀴 돈 그녀가 저 멀리서 나타나면, 나는 보따리에 먼저 눈길이 갔다. 보따리가 작아졌으면 많이 판 것이고 그대로면 공 친 것이다.

해가 지면 돌아와 다시 뜨개질을 하고 다음날 오후가 되면 나가서 또 팔고 하기를 얼마나 지났던가. 어느 정도 지나자 돈이 조금 모여졌다.

　언제까지나 성곤 엄마를 돌아다니게 할 수는 없었다. 가게를 얻어야겠다고 생각한 나는 코스타리카 시내를 다 돌아다니며 좋은 터를 물색했다. 어느 날 저녁, 기막히게 좋은 상권의 위치에도 불구하고 손님 없이 한산한 조그만 잡화상 하나를 발견했다. 종일 지켜봤지만 파리만 날리고 있었다. 나는 "바로 저곳에 슈퍼마켓을 하면 잘 될 것이다!"하고 무릎을 치고는 그곳에 가서 정보를 수집했다.

　그 가게 주인은 두 사람이었다. 지방에서 농장을 운영하는 두 친구가 동업을 하고, 아들들이 운영하고 있었다. 게으른 이 아들들이 장사를 제대로 하지 못해서 손님이 없었지만 내가 보기에는 정말로 탐이 나는 좋은 위치였다.

　두 아들에게 아버지의 농장 위치를 물은 다음, 성곤 엄마를 내 차에 태우고 몇 시간을 달려 그 농장에 찾아갔다. 가게 주인 두 사람과 담판을 짓기 위해서였다. 그렇지 않아도 장사가 잘 안 되서 권리금을 주면 장사를 하게 해 주겠노라고 했다. 권리금과 장사 밑천 마련이 급선무였다. 그동안 뜨게옷을 팔아 모은 돈에 주변 사람들에게 성곤 엄마가 가지고 있던 은수저도 강매하고, 순금을 좋아하지 않는 현지에서 팔 수 없는 금붙이는 주철기 영사부인에게 사 달라 부탁을 했다. 모두 합쳐도 턱

없이 부족했지만, 놓치면 안 될 것 같아서 얼른 계약부터 했다. 그리고 나서는 돈이 좀 있는 교민을 찾아가서 내가 보증을 서서 성곤 엄마에게 돈을 꿔 주도록 해, 장사 밑천을 마련했다.

슈퍼마켓 터는 얻었지만 인테리어를 해야 했다. 가게 지하 주차장에 칸을 막아 살림집을 꾸미며, 그 곳에 살면서 새벽부터 일찍 문을 열라고 권했다.

나는 동네 슈퍼를 다니며 진열 상태가 잘 되어 있는 곳을 눈여겨보았다가, 그대로 종이에 스케치해서 야채, 고기, 잡화를 배치할 곳과 계산대 놓을 장소를 그려 나름대로 도면을 완성했다. 살림집 설계도면도 직접 작성했다. 부부 침실, 부엌, 아이들 방도 배치했다. 내가 보기에도 아주 멋진 나의 첫 건축 설계 도면이었다.

이렇게 기초가 완성되자 기도회 모임의 교인들을 중심으로, 교민들이 자청하여 선반도 만들도 방도 만들고, 남편과 주철기 영사 부부도 페인트칠을 도와주며 전 교민들이 발 벗고 나서서 도와주었다. 계산기는 내가 선물했다.

마침내 번듯한 슈퍼가 탄생하여 개업을 하게 되었다. 그 날, 얼마나 마음이 설레던지 밤잠을 설쳤다. 무엇을 하든지 정신은 슈퍼마켓에만 가 있었다. 손님이 많을까, 실수없이 장사는 잘 하고 있는지 궁금해서 가고 싶었지만 슈퍼마켓에 가 보기가 어려웠다. 혹여 성곤 아빠가 내가 참견한다고 생각할까봐 조심스러웠던 것이다. 한 며칠 얼씬도 못하자니 궁금해 참을 수 없었던 나는 남편과 같이 아이스크림을 사 먹는 핑계로 매일 저녁 그곳에 갔었다. 우리 마음을 알아차린 성곤 엄마는 저녁만 되면 먼저 나에게 전화해서 매상을 알려주곤 했다.

몇 년이 흐른 후, 성곤 엄마네는 안정을 찾게 되었고, 아이들 교육을 위해 그곳을 정리하고 미국 LA로 이주했다. 그리고 그곳에서 자녀들 모두 성공시키고 지금은 캐나다로 이주해 안정된 삶을 살고 있다.

빼앗긴 나의 생일상

코스타리카에 있을 때였다. 내 생일을 며칠 앞두고 남편이 생일에 뭐 해줄까 하고 물었다. 작은 선물이라도 해주고 싶어 하는 남편의 마음을 아는 나는, 다른 선물보다 교민들과 찌개라도 끓여서 김치와 밥을 오순도순 먹고 싶다고 했고, 남편은 내가 워낙 교민들과 친하게 지내는 것을 잘 알기에 그렇게 하라고 일렀다.

생일 날 오후가 되자, 생각지도 못한 화려한 꽃들이 배달되기 시작했다. 교민들의 어려운 형편을 아는 나는 꽃을 보고 기쁘기는커녕 불안한 생각이 들었고 뭔가 이상해서 남편에게 물었다.

그제야 남편은 당시 코스타리카에 체류 중인 중국 식당 '아사원' 주인이 대사 사모님 생일에 자기가 음식을 대접하겠다고 해서, 순수한 마음으로 그의 인정스런 제의를 받아들였고, 각국 대사를 비롯한 외교관들을 초대했노라고 고백하는 것이 아닌가! 모처럼 좋은 음식을 우리 교민들과 외국인까지 같이 나눠 먹으면 좋지 않겠느냐, 지극히 외교관다운 남편의 생각이었던 것이다.

나는 남편의 말에 속이 끓어 올랐다. 내 마음은 소박하지만 따뜻한 음식을 교민들과 나누며, 하루만이라도 힘들게 사는 그들을 기쁘게 해 줄 수 있다는 기대감으로 들떠 있었기 때문이다.

비록 파티를 싫어하지만 한국을 대표하는 외교관 부인으로 남편을 위해 열심히 내조를 해왔다. 그러나 내 생일만큼은 내 식으로 보내기를 바란 것이다. 그런데 내 생일까지 지긋지긋한 파티에서 꼭두각시놀음을 해야 한다고 생각하니 억울함에 주저앉아서 엉엉 울어버렸다.

고등학생이던 아들 종훈이가 울고 있는 나를 어른스럽게 달랬다.

"엄마 울지 마세요. 아버지는 외교관으로서 외교를 좋아하시잖아요. 엄마가 이해하고 참으세요. 조금 있으면 외교단이 모여들 텐데 이러시면 되겠어요?"

나는 아들의 말을 듣고 울어가며 화장을 했고 하기 싫은 드레스 업을 해야만 했다.

파티가 시작되었다. 교민들은 대사 부부에게 초대받았다고 기쁜 마음에 장사하다 말고 영문도 모른 채 대사관저에 왔지만, 정원 가득 각국의 우아하고 화려한 외교관들을 보고 주눅이 들어 전부 주방으로 몰려들었다. 밥 한 끼 같이 먹자며 오라고 해 놓고는 너무나 미안하고 불쌍한 마음에 눈물이 또 나왔다.

나는 교민들 위로하랴, 외교관 접대하랴 파티 내내 주방으로 갔다가, 파티 장으로 갔다가 제 정신이 아니었다. 파티가 끝나고 손님들이 다 돌아간 뒤, 각 국 대사들이 가져온 꽃이며 선물들을 죄다 담 너머에 있는 동물원 쓰레기장에 내다 버렸다.

나중에 알고 보니 그 식당 주인이 해준 요리가 목적이 있었다는 것도 알게 되었다. 당시에는 받기 어려웠던 미국 비자를 받아낼 계산이 있었던 모양이다. 나는 아침 일찍 댓바람부터 백지 수표를 들고 식당 주인을 찾아갔다. 그리고 그에게 어제 먹은 음식 값을 양심껏 적으라고 했다. 절대 공짜로 먹을 수 없다는 말도 전했다. 내 말에 주인은 당황해 하며 실망하는 빛이 역력했다.

남편은 나에게 서프라이즈 이벤트를 해 주려고 화려한 생일 파티를 준비 했다지만 내 생각은 전혀 달랐다. 돈을 아끼며 사는 내가 돈은 돈대로 들고 속은 상할 대로 상했으니, 남편에 대한 미움이 솟았다. 더욱 속상한 것은 정작 교민들은 마음 놓고 먹지도 못하고, 외교관들만 실컷 먹어댄 것이 그렇게 아까울 수가 없었다.

힘들고 가난한 교민들과 따뜻한 정을 나누고, 소박하게 보내고 싶었던 나의 생일을 빼앗겼다는 생각에 어찌나 분하고 서러웠는지!

유일하게 정부에서
표창 받은 대사 부인

코스타리카에서 기도회를 중심으로 이뤄낸 교민들과의 단합은 눈부신 성과였다. 처음에는 작게 시작된 기도회가 점차 성장하며 기도회를 중심으로 모두 단합했다. 특히 성곤 엄마를 도와준 것을 계기로 어려운 교민이 있으면 기도회가 모두 십시일반 합심하여 서로 돕는 아름다운 공동체로 발전하게 되었다.

그 시절, 우리 교민들은 대부분 가난했다. 예배를 보러 기도회에 올 차비조차 없는 이들도 있었다. 그나마 자동차가 있어도 수리비가 없어 차문에 난 구멍을 껌으로 때워서 끌고 다니기도 했다.

나는 계란 하나를 사도 꼭 교민 가게에서 샀고, 어쩌다가 한국 기업의 지사장들이 우리 부부에게 식사 대접을 하고 싶다고 하면, 우리는 사양하면서 대신 기도회에 헌금으로 내 달라고 부탁했다.

교민 자녀들의 생일이 되면 기도회 모임에서 생일상을 차려 주고 축하해 주었고, 그 보답으로 부모들이 낸 감사헌금도 차곡차곡 모아 두었다.

이렇게 한 푼 두 푼 모은 기금은 몇 년 후 결실을 거둬 땅을 구입하고, 서울의 한 교회에서 교회를 짓고 목사님도 보내주었다. 마침내 최초로 코스타리카 한인교회가 탄생하게 된 것이다.

한국 대사관이 주최하는 자선 패션쇼에 코스타리카 대통령 부인이 참석했다. 이날 패션쇼에는 우리나라의 톱클래스 중의 한 사람인, 패션 디자이너 트로아조를 초청하여 호텔이 메어질 정도로 성황리에 끝났다. 각 국 대사 부인들이 모델로 등장하여, 현지 언론에서도 크게 주목을 받았다. 패션쇼가 성공적으로 끝난 후, 트로아조 옷을 구입하고 싶어하는 코스타리카 영부인을 위해 그녀를 데리고 대통령 궁을 방문하여 치수를 재고 한국에서 옷을 제작, 공수해 영부인께 선물하기도 했다.

바자회가 열릴 때면 현지에 진출한 한국 기업에 요청하여, 후원을 받아 물품을 협찬 받고 물건을 팔 때도 젊은 교포나 대사관 직원에게 예쁜 한복을 입혀 팔게 해서, 큰 반응과 높은 판매 성과를 올렸다. 개인적인 욕심에서 비롯된 것이 아니라, 이

코스타리카 대통령 부인 M.Oduber 한복 기증 (1975)

런 기회를 통해 우리나라의 국가 위상을 높인다는 자부심으로 일했다.

1979년, 코스타리카에서 임무를 마치고, 우리 부부가 떠나는 날, 대사관은 눈물바다로 변해 버렸다.

코스타리카를 떠난 이후, 한 번도 그곳에 가보지 않았다. 어찌 살고 있을까, 무척 궁금하고 보고 싶었지만 일부러 가지 않은 이유도 있었다. 그곳 교민들이 우리 부부를 너무 좋아했기 때문에, 혹시라도 현직 대사에게 폐가 될까봐 피했던 것이다. 그 시절은 기도회와 함께 하는 기쁨과, 교민들 보살피는 일로 고생보다는 즐겁고 아름다운 추억으로 남아있다. 지금도 코스타리카 교민들 사이에서는 우리 이야기를 한다고 한다.

1979년 10월, 외무부에서 갑자기 연락이 왔다. 당시 박정희 대통령이 나를 한국으로 들어오도록 지시했다는 것이다. 나는 놀라지 않을 수 없었다. 더구나 나에게 표창장을 수여하기 위해서라는 것이 아닌가! 대사인 남편이 아니라 나에게 표창장을 주다니 대체 어찌된 일인가.

내막을 알아보니, 코스타리카에 다녀간 사람들 누구나 대사관과 교민간의 친밀한 관계와 단합에 관하여 칭찬하는 말을 듣게 된 박 대통령이, 중앙정보부 직원에게 직접 조사를 지시했고, 그 과정에서 교민들 사이에 대사 부인인 내 이야기가 나왔던 것이다. 말하자면 문턱 높다는 공직사회의 틀을 깬 모범적인 사례로, 나를 뽑아 공개적으로 상훈을 수여한다는 것이었다.

나는 대통령의 부름을 받아 한국으로 들어왔다. 그런데 수여시기를 코앞에 두고 1979년 10.26 사태가 발생했고, 박정희 대통령이 직접 상훈 수여를 할 수 없게 되자 당시 박동진 외무부 장관이 대통령을 대신해서 '훌륭한 대사 부인' 표창장을 전

사랑하는 코스타리카 교포들과 함께

유일하게 정부 표창 받은 대사 부인

달해 주었다. 내가 알기로 대사부인으로서 대통령으로부터 표창장을 받은 사람은 그 이전에도 없었고 이후에도 없는 것으로 알고있다.

얼마 전 코스타리카에서 한인 교회 30주년 기념 예배가 있었다. 교민들은 이 감격스러운 자리에 우리 내외에게 꼭 참석하여 축사 해 달라고 부탁을 했다. 문화원에 매여 있다 보니 갈 수는 없었지만, 우리 부부의 작은 보탬으로 이렇게 성장한 교회의 모습을 볼 수 있다는 것과, 우리 내외를 잊지 않고 기억해 준다는 것만으로도 감사한 일이다.

교민들과의 친교뿐만 아니라 대외적인 활동에 있어서도, 뭐든 최고로 해내고 마는 내 성질 덕분에 몸은 고되지만, 돌이켜 보면 그 시절은 후회 없는 시간들이었다.

외무부 장관 감사패 (1979.10)

보물이 된 쓰레기

코스타리카에서 근무하던 시절에는 파나마, 니카라과 지역의 유물과 미술 작품을, 도미니카공화국에서는 주변의 아이티를 비롯한 카리브해 연안의 유물을 수집했고, 멕시코 지역에서는 과테말라, 엘살바도르 등 유카탄 반도를 포함한 중앙아메리카 지역의 아즈텍, 마야의 고대 유물을, 아르헨티나에서 근무하던 시절에는 볼리비아, 칠레, 페루의 잉카, 우루과이 등 남아메리카의 유물을 수집했다.

1985년부터 우리의 아르헨티나 생활이 시작되었다. 남미에서 브라질 다음으로 큰 나라이며, 탱고와 목축으로 유명한 아르헨티나는 전체 인구 중 백인 비율이 93%로 남미에서 가장 백인이 많으며 교육, 문화의 수준도 높다. 아르헨티나에서도 남미의 유물을 수집하는데 심혈을 기울인 때였다.

아르헨티나에는 당시 교민 4만 여명이 살고 있었다. 그곳에 한글학교를 만들기 위한 재정을 마련하려고, 대사관과 교포들 뿐만 아니라 현지에 진출한 기업들까지 총동원 된 대대적인 바자회를 열어 큰 기금을 모으는데 성공하기도 했다. 현지 교민들의 교회는 이미 활성화 되어있어서, 당시엔 교회가 18개, 성당과 절이 각각 하나씩 있었다. 우리 부부는 종교를 떠나 교민들과 대사관의 화합을 기원하는 마음으로 어느 곳 하나 빠짐없이 이십여 군데 종교 시설을 주일마다 돌아가며 참석했다.

처음에는 미리 통보를 하고 갔더니 잡채를 무친다, 김치를 새로 담근다, 고기를 볶아온다 하기에 우리로선 민폐를 끼치는 것 같아서 그 후로 아무에게도 얘기 하지 않고 불쑥 찾아가기로 했다. 처음에는 교민들이 깜짝 놀라곤 했지만 매번 그렇게 하니 자연스럽게 받아들이게 되었다.

원래 음악을 사랑하고 성악을 공부한 남편은 코스타리카 대사 시절에 독창회를 열기도 했었다. 아르헨티나의 교회에서도 남편에게 특송을 해달라 요청을 하면 기쁜 마음으로 봉사를 했고, 남편의 찬송가에 감동 받은 교민들이 눈물을 흘리기도 했다. 특히 북한이 고향인 이민자도 제법 많았는데, 그들 생각에 '이렇게 높으신 분이 작은 교회에서 교민들을 위해 특송을 하다니'라고 생각하며 몹시 감격해 울던 이도 있었다. 예배 후 교포들과 점심 식사를 하며 교포들의 애환을 직접 듣고, 대사관 소식도 전해 주다보면 민관의 화합은 저절로 이루어졌다.

나는 일주일 내내 일요일이 오기만을 기다렸다. 물론, 교회에 가기 때문이기도 했지만, 사실 그것 때문만은 아니었다. 예배가 끝난 후 점심까지 먹고 나면 내 마음은 바빠지기 시작한다. 남편을 쿡쿡 찌르며 자꾸만 재촉했다.
"빨리 쓰레기 주우러 갑시다."
'쓰레기'란 골동품을 말하는 것이다. 물론 진짜 쓰레기는 아니지만 마치 쓰레기 더미 속에서 보물을 찾듯이 여기저기를 살피고 뒤지는 우리 모습을 보며 우리끼리 붙인 농담인 것이다.

고대 중남미에는 다양한 민족이 정착하여 훌륭한 문화유산이 많이 있다. 그들 문화는 대략 세 가지로 나눌 수 있는데 첫 번째는, 2만여년 전 베링 해협을 건너 중남미에 정착했던 우리와 비슷한 몽고 아시아계 인디오가 이룩한 아즈텍 문화, 이색적인 풍모와 건축의 예술과 뛰어난 솜씨를 가진 마야족 문화, 안데스 고지에 제국의 지배자는 태양의 후예라고 믿는 잉카 제국이다.
그것들은 각각 본래의 인디오 문화와 접목되어 독특한 문화를 이룩해냈다. 참으로 기막힌 문화유산을 가지고 있는 것이다. 그러니 내가 어찌 날아다니지 않을 수 있었단 말인가. 남편은 내가 골동품 시장에만 가면 뛰는 것이 아니라 날아다니더라고 감탄하기도 했다.

벼룩시장에 나온 물건들은 내 눈을 황홀하게 만들기에 충분했다. 하지만 그렇다 해도 거리에 진열되어 있는 모든 것이 다 보물은 아니다. 가치 없는 것들도 많다. 그런데 나는 한국에서 골동품을 수집한 경력이 있어서 인지, 타고난 것인지 감사하게도 물건을 보는 혜안을 가지고 있었다. 아주 짧은 순간 휙 지나치더라도 내 눈에는 '저것은 기원전, 이것은 16세기, 17세기'가 보였다.

벼룩시장에서 보물을 찾는 것이 내게는 큰 즐거움이었다.

비록 눈이 번쩍 뜨일 만한 물건을 발견했다 하더라도 나는 그곳을 짐짓 지나치고 만다. 내 표정을 보고 비싸게 부를까 봐서이다. 그러다가 시장을 한 바퀴 돈 후 다시 돌아와 그곳을 지나면서 관심조차 없는 듯한 표정으로 슬쩍 물건 값을 물어본다. 그런 방법을 쓰면 최소한 바가지를 쓰지는 않는다. 가끔 전문적인 골동품상들도 벼룩시장에 와서 물건을 골라내기 때문에 상인들은 상대를 보아가며 눈치껏 값을 불렀다.

어느 때는 다시 돌아왔을 때 이미 물건이 팔려 버려 발을 동동 구른 적도 있었지만 최대한 싸게 사기 위해 머리를 굴렸다. 나는 전문 골동품을 판매하는 곳에서 사기보다는 벼룩시장에서 때 묻은 보물을 발견하는 것이 더 의미 있고 가치 있는 일이라고 생각했다.

아무리 좋은 은도 석 달 열흘 닦지 않으면 시커멓게 변색되기 마련이다. 그러면 사람들은 그것에 주목하지 않지만 나는 그 안에 감춰진 '어떤 가치'를 찾아내고야 만다. 그것이 진짜임을 확인하는 순간 내 가슴은 방망이질을 시작한다. 너무 좋아서 어쩔 줄을 모르기 때문이다. 내 어림짐작으로 천불의 가치가 족히 되는 데도 나의 표정이 워낙 무심하니 상인들은 200불을 부른다. 그러면 나는 그것을 또 100불로 깎아 내린다. 그렇게 수중에 넣으면 혹시라도 다시 빼앗길까 두려워 잰걸음으로 돌아오곤 했다.

그런 물건을 손에 넣은 날이면 관저에 도착하자마자 다른 건 눈에 뵈지도 않는다. 얼른 닦아서 진품인가 확인해야 하기 때문이다. 정성껏 닦아 마침내 그것의 가치가 눈에 보일 때, 나는 먹지 않아도 배가 부르다. 그야말로 횡재를 한 것이다. 밤새 잠도 자지 않고 커피 한 잔 마시고 쳐다보고, 또 한 잔 마시고 쳐다본다. 번쩍이는 보물을 손에 넣은 날, 바로 그 날은 내가 세계 최고의 부자가 되는 날이다. 콧노래가 저절로 나온다. '너무 좋아서 미칠 것 같다'는 표현은 바로 이 때 쓰는 것이리라.

만일 다른 사람들처럼 주말에 골프 치러 다니고 놀러 다녔다면 이렇게 골동품을 모을 기회도 없었을 것이다. 그리고 보면 이게 다 교회에 나간 덕택인 셈이니 이 또한 하나님의 역사가 아닌가 하는 생각이 든다.

마음에 드는 유물을 구하려고 목숨을 건 일도 있었다. 한번은 남편이 업무 차 엘살바도르에 갔을 때였다. 나도 함께 동행했는데 당시 엘살바도르는 내전 중이었다. 그런데 현지에서 많은 유물 컬렉션을 갖고 있던 미국인이 내전 중에 위험을 피해서, 가지고 있던 유물을 처분하고 미국으로 돌아간다는 소식을 입수했다.

남편에게 말하면 위험하다고 펄쩍 뛰며 말릴 것이 뻔했다. 나는 남편 몰래 게릴라 전 가운데를 뚫고 택시를 타고 갔다. 대

인디오 형상을 한 토우. 요초이(좌), 요호아(우)
(A.D 780, 엘살바도르 내전 중에 구해온 유물)

낮이라 그랬는지 총탄이 오고가지는 않았지만, 지금 생각해 봐도 아찔한 순간이었다. 그때나 지금이나 좋은 작품이 있으면 물불을 안 가리는 나의 못 말리는 열정에서 비롯된 일이다. 물론 나중에 남편에게 들켜 크게 혼이 났지만 말이다.

프리마켓을 돌아다니다 보면 골동품도 있지만, 조상의 사진이 가득 담긴 박스가 굴러다니기도 한다. 그 안에 있는 것은 모두 귀족들의 사진인데, 문득 '조상을 귀하게 여긴다면 어찌 저렇게 함부로 할까. 나도 손주, 증손주가 생기면, 내 새끼들도 저렇겠지'라는 생각에 이르면 사는 것이 다 부질없다는 생각이 들곤 했다. 생존했을 당시에는 귀중했을 그 사진들을 보면서 나는 "모든 것이 헛되고, 헛되도다."하고 중얼댔다.

그 귀한 천불짜리 골동품을 백불도 안 되는 빵 값에 바꿔 먹은 자들이 바로 그들의 후손들인데, 내 후손이라고 그러지 말란 법은 없다. 그래도 생존해 있는 동안 그 할아버지, 할머니는 손주라고 또 얼마나 귀여워했을 것인가. 하지만 돈이 되지 않으니 내다 버린 것이다. 그때의 일이 뇌리에서 잊혀지지 않아 그 후로 나는 여간해서 남에게 사진을 주지도, 찍지도 않는다. 나 죽고 난 후 언젠가는 버릴 사진은 찍어 무엇 하랴.

우리나라 부자들이 자식에게 재산을 상속하는 것에 대해 나는 무척 회의적인 시각을 가지고 있다. 재산이란 사회로부터 벌어들인 것이기 때문에 결국 사회에 환원되어야 한다는 것이 나의 한결같은 철학이다. 부자나 가난뱅이나 죽으면 빈 몸으로 가는 것이 인간이다. 재물에 대한 탐욕 때문에 부모 자식 간에, 형제간에 불화가 생기고 불행의 나락으로 떨어져 가는 모습을 보면 너무도 안타깝다. 세상에는 돈이 많아도 제대로 쓸 줄 모르는 돈 많은 거지들이 너무도 많다고 해야 할까.

문화원에 있는 작품 중에는 더 이상 구할 수도 없고, 구하더라도 이제는 그 나라 밖으로 반출할 수 없는 귀한 보물들이 많이 있다. 값으로 치자면 천문학적인 숫자가 될 수도 있을 것이다. 이 보물들이 문화원에 전시되어 많은 사람들이 관람하고 있으니, 제 가치를 발휘하는 것이지 개인의 집안에 숨겨 놓았던들, 대체 무슨 의미가 있을 것인가.

그래서 나는 예전부터 문화원을 사회에 환원하기로 결심한 것이다. 그것은 이 귀한 유물들을 더욱 오래 보존하여 영원히 후세에게 남기고 싶기 때문이다. 이러한 나의 생각은, 남편이 멕시코 대사를 마지막으로 은퇴한 후 1993년 박물관 건립과 동시에 비영리 재단법인 설립으로 이어지게 된다.

바보의 발상

    1988년 남편은 아르헨티나에서 만 3년간의 대사 임무를 마치고 외교 안보 연구원 상임 연구위원으로 국내 근무를 하게 되었다. 우리 부부는 1980년에 고양동 농장 안에 중남미 풍으로 지어 놓은 집에 들어가 살았다. 아들과 딸은 장성해서 각자의 삶을 살고 있었다.
    20여년에 걸쳐 모은 골동품 일부를 꺼내어 정성스럽게 닦아서 진열해 놓았다. 수 백, 수천 년의 세월을 뛰어 넘어 어둠 속에서 침묵했던 보물들이 이제 내 집안 거실에서 살아 숨 쉬듯 영롱하게 빛을 발했다. 나는 새벽 3시면 일어나 사람과 마주하듯 바라보며 쓰다듬고, 감상하고 세월에 묻혀있던 그들의 무언의 대화를 들어 주곤 했다.

우리 부부가 고 이범석 외무부 장관 댁에 위로 인사차 들렀을 때였다. 1983년 발생한 아웅산 테러 사건으로 돌아가신 고 이범석 외무부 장관은 남편이 의전과장으로 근무했던 시절에 의전실장으로 모셨던 분이다.

이범석 장관 사모님께서는 '가든 클럽' 모임에 대해 이야기하며 '늘 호텔에서 하던 가든 클럽 모임을 이번에는 미시즈 리 농장에서 하는 것이 어떻겠냐.'고 제안하였고 나는 기쁜 마음으로 받아들였다. 가든 클럽은 당시 김상협 전 총리 사모님을 비롯한 국내 정재계 인사 부인들과 주한 외교관 부인 80여명으로 구성된 사교 모임이다.

이렇게 해서 현재 따꼬 하우스가 있는 장소에서 빠에야와 샐러드, 숯불에 구운 쇠고기로 가든파티를 열었다. 파티에 참석한 사람들은 집 거실에 진열된 마야, 잉카, 아즈텍 컬렉션을 보고 모두 감탄을 금치 못했고, 특히 주한 외교관 부인들은 완전히 반하고 말았다. 같은 외교관 부인으로서 어려움을 잘 알기에 '어떻게 한국 외교관 부인이 이 귀한 것들을 수집할 수가 있었는가?' 놀라는 눈치였다.

그 후 소문을 듣고 여기저기에서 초대해 달라는 주문이 쇄도했다. 하지만 어떻게 매일 손님들을 치를 수가 있겠는가? 사람들이 이렇게 좋아하는데 그렇다면 아직도 한 옆에 쌓여 있는 골동품까지 전시해서 여러 사람들이 즐겨 보도록 박물관을 하면 어떨까?

바보의 발상은 이렇게 탄생되었다. 고통의 역사가 잉태되는 순간이었다. 농장의 빈 땅도 있고 게다가 방배동의 땅 중 하나만 팔아도 박물관 건축비는 충분하다는 나름의 계산이 있었다.

어느 정도 뜻을 세우고 난 후, 남편은 서울고 동창이자 당시 경희대 박물관장이었던 황용훈 교수에게 자문을 구하기 위해 초대했다. 그런데 황관장은 남편에게 "미쳤는가! 네 마누라 잡아라. 박물관은 대학이나 재벌이 하기에도 벅찬 일이다."하고 말렸다고 한다.

나는 무엇을 하겠다고 계획을 세우면 온 정신과 관심, 그리고 완성을 위해 집중하여 매달리는 타입이다. 동창의 충고를 듣고 반대하는 남편을 설득했다. 평생 당신을 위해 헌신했으니 이제 은퇴 후의 삶은 나의 뜻에 따라달라고.

드디어 남편을 설득해 박물관을 하기로 결정 내리자, 박물관 건축을 위해 필요한 자재부터 더 많은 유물이 필요했던 나는, 새벽에 눈을 뜨자마자 하나님께 기도부터 드렸다.

"하나님, 사람들이 이렇게 좋아하는 유산을 후세에 남기도록 박물관을 짓기로 했어요. 더 많은 것을 준비하고 보고 배워야 하니까 마지막은 멕시코 대사로 발령 나게 해 주세요."

그런데 놀라운 일이 일어났다. 1989년 남편이 멕시코 대사로 발령을 받게 된 것이었다. 그 소식을 듣는 순간, 나는 온 몸에 소름이 쫙 돋아났다. 그것은 나에게 박물관을 반드시 하라는 하늘의 뜻으로 받아들여졌다.

멕시코에는 현재에도 고대 피라미드, 조각 및 미술품이 많으며 도시 중심지에도 문화시설과 공원시설을 많이 갖추고 있다.

멕시코가 스페인 식민지였던 당시 스페인 부자들이 갖고 있던 농장은 어마어마했다. 그곳들 중 중남미 풍의 호텔로 바뀐 곳에 투숙하면서 호텔 건물을 스케치하기도 했다. 고대의 것이 그대로 현존하고 있는 기둥을 보면 앞과 뒤, 옆을 정확히 자로

멕시코 골동품 시장에서.

재서 기록하기도 하고, 사진을 찍기도 했다. 뿐만 아니라 현지 박물관이란 박물관은 다 돌아다니며 드로잉을 해서 차곡차곡 모았다.

전문적으로 건축을 공부한 사람이 아니라 제대로 된 설계도를 그리지는 못 하지만, 눈으로 본 그대로를 그리는 데는 자신 있었다. 노트에 그린 그림이 너덜너덜 해질 정도로 지우고 다시 그리기를 반복하면서 나의 꿈은 익어갔고 행복했다.

이왕이면 박물관 건물을 중남미 풍으로 짓겠다는 생각이었다. 말하자면 그곳의 박물관을 우리 땅에 맞춰 지어보겠다는 의도였던 것이다.

30여년간 수집해 놓은 아즈텍, 마야, 잉카 문명의 유물들.
이러한 유물들이 나를 박물관 건립의 꿈으로 이끌었다.

농장 시절 거실 모습 (1993)

    멕시코 체류 3년간은 먹는 것도 잊을 만큼 박물관 생각으로만 꽉 차 있던 시절이었다. 토기, 토우, 석기, 목기, 가면, 민속 공예품부터 기둥, 문에 이르기까지 쓸모 있다고 생각되는 것은 모두 구입했다.
    1993년 2월, 김영삼 대통령이 14대 대통령에 취임했다. 우리 부부는 공관장 회의 참석차 한국에 잠깐 왔다가 다시 멕시코로 들어갔다. 3월에 나 혼자 일시 귀국하여 재단법인 중남미문화

농장 정원 확장 공사 (1993)

원 병설 박물관을 설립해 사업자 등록까지 마치고 다시 들어갔다. 그 해 5월에 외무부로부터 중남미문화원 설립 허가를 받았으며 이로서 모든 법률적 조처는 다 취해 놓은 셈이었다.

남편은 외교관으로서의 마지막 멕시코 근무를 마치고 귀국했다. 고국에 돌아온 남편은 외교안보 상임 연구원으로 재직하게 되었다. 그때 그의 나이 62세, 내 나이 60세였다. 나는 잠을 자면서도 박물관 꿈을 꿀 정도였다.

너덜거린 노트에서 태어난 박물관

전문적인 건축사가 아닌 나는 그동안 멕시코에서 드로잉하거나 스케치 한 노트와 사진을 보여주면서, 박유석이라는 한 젊은 설계사에게 나의 구상을 설명했다. 이 스케치들은 나의 꿈을 향한 열정과 도전 정신이 담긴 박물관 건물의 기초설계도였다. 이것으로 건축허가도 받았다. 그는 나의 중남미 문화에 대한 열정적 에너지에서 발휘된 창의적 영감을 받아들여 설계를 완성했다. 그리하여 박물관은 한 젊고 유능한 건축사의 기술과, 손때 묻은 노트에 담겨진 내 정신 내면에 압축되어 있던 꿈의 합작이라고 할 수 있다.

1993년 8월부터 박물관 본관을 짓기 시작했다. 벽돌 하나, 목재 하나, 실내 인테리어까지 직접 현장을 누비며 진두지휘했다. 물론 기술적인 것은 문외한이지만, 전체적으로 어떻게 하면 중남미적으로 지을 것인가는 나의 감으로 결정했다. 나는 내 육감에 스스로 신뢰를 가지고 있었다.

햇볕과 먼지가 뒤엉키는 건축현장 속에서 내 얼굴은 까맣게 그을려 거칠어졌고, 해가 뜨고 질 때까지 뛰어다니며 일해도 힘들지 않았고 오히려 젊은이처럼 펄펄 힘이 났다. 그것은 나 자신에 대한 믿음이었고 열정이었다. 그 열정은 다시 내게 잠재되어 있던 끼를 깨워 창조력을 발산하게 했다.

층계 난간을 만들어야 하는데 일반적인 난간이 내 맘에 차지 않았다. 어떻게 해야 멋있는 중남미풍 난간을 만들 수 있을까 골똘히 고심하고 있던 중, 멕시코에서 사 온 큰 기둥이 생각났다. 바로 저것이야! 주저하지 않고 기둥을 반으로 잘라 난간으로 세우고 나니 어디서도 볼 수 없는 중남미 풍의 훌륭한 난간이 되었다.

그러나 때로는 내 느낌만으로 하는 것이 잘못된 것이 아닐까 하는 걱정이 들기도 했다. 그래서 인근에 살고 있던 홍익대 미술대학 김용덕 교수를 찾아가서 조언을 구했다. 그분은 내가 박물관 건축 현장에서 일하는 것을 산책 다니면서 유심히 보았다고 하며,

"사모님은 참 특이하고 재미있는 분이세요. 건축을 학문적

으로 하는 사람은 일정한 규격의 틀에 짜여 있는데, 사모님은 그렇지 않은 신선한 발상을 갖고 계세요. 자신 있게 뜻대로, 하고 싶은 대로 하세요. 내가 보기에 사모님은 예술의 경지에 있어요. 혼자 해보세요. 마음껏."

그 분의 말을 듣고 조심스러웠던 내 안의 자신감을 되찾아 내 방식대로 해 나갈 수 있었다.

박물관의 정문을 비롯한 모든 건물의 문은 남미에서 직접 가져온 문짝을 이용하기 위해 모두 그 규격에 맞춰 문틀을 만들어 문을 만들고 보니, 훌륭한 중남미 풍의 문이 되었다. 10년 전 아르헨티나에서 사 가지고 와 창고에 두었던 스테인드글라스는 박물관 들창으로 만들었다. 200년 전에 이탈리아에서 만들어진 이 작품은 햇빛을 받아 아름다운 색채가 영롱하게 살아나며 박물관 실내를 더욱 돋보이게 했다.

건축자재, 소품 하나하나까지 현지에서 가져와서 중남미 스타일로 짓기 위해 노력한 결과, 그저 흉내 내는 것이 아니라 마치 현지에 그대로 와 있는 착각을 불러일으키기에 충분했다.

못질 하나를 하더라도 최선의 방법을 찾기 위해 구멍을 뚫었다가 막기를 반복하다 보니, 남들 한 달 걸릴 일을 6개월 넘게 하기도 했다. 작은 일도 정성을 바쳐야만 큰일을 이룰 수 있다고 믿기 때문에 못 하나 박는데도 완벽을 기해 최선을 다했다.

고양시 건축문화 대상 (1996)

1994년 10월 4일, 드디어 박물관을 개관했다. 한국의 아름다움을 대표하는 향교 옆에 나란히 위치한 붉은 파벽돌의 중남미풍 박물관은, 서로 대조적이면서도 자연스런 조화를 이뤘다. 96년에는 고양시 '건축문화 대상'이라는 영광을 얻기도 했으니 그간의 노력이 헛되지는 않았다.

이제 이 문화원은 개인 소유가 아닌 우리 모두가 공유하는 문화공간이 되었다. 나 혼자 가지고 있으면 죽고 난 후 나와 함께 세월의 뒷길로 묻히겠지만, 이제 세상 밖으로 나왔으니 우리 국민 모두의 것이 되어 영원히 역사와 함께 보존될 것이다.

옛날 가난하고 배고프던 시절, 우리도 조상들의 유물을 싼값에 눈 밝은 외국인에게 팔아넘기던 때가 있었다. 중남미에서 후손들이 돈 몇 푼과 바꾸려고 들고 나왔던 먼지 끼고 색 바랜 골동품들과, 그 몇 푼마저 바꿀 수 없어서 버려져 굴러다녔던 화려한 조상들의 사진을 보며, 내가 수집한 이 보물들은 절대 저렇게 내버려두지 않으리라 다짐을 했다.

그래서 결심한 것이 재단법인의 설립이었다. 가족들이 반대하면 어쩌나. 문화원을 한다면서 내 가족끼리도 화목하지 못하면 문화원을 한들 무슨 소용이랴 생각하며 내심 불안했지만 다행히 가족 모두 찬성해 주었다.

아들 종훈이와 딸 미종이는 모두 어렸을 때부터 외국에서 자라고 공부해서 외국의 유산문화를 잘 알고 있었다. 부모가 이룬 공적과 부를 사회에 환원하는 것. 그리하여 나에게 부를 창출하게 해 준 이 사회에 보답하는 것. 그것이 결국 우리 후손들이 잘 사는 사회를 만들어 주는 것임을 알고 내 뜻을 적극 지지해 주었다.

아무리 비싼 그림 끌어안고 있어봐야 죽을 때 가져가지 못하는 법. 문화는 소유가 아닌 나눔이라는 것. 이것이야말로 내 뼛속까지 새겨진 변치 않는 신념이다.

박물관 기초(지하)를 닦다. (1993. 가을)

외부 건립 공사 (1994. 봄)

지붕 공사 (1994. 봄)

박물관 완공 (1994.10.7)

박물관 내부 중앙홀

KBS '아침마당'에서 흘린 눈물

어렵지만 쉽게 생각하고, 힘들지만 능히 할 수 있다는 확신으로 박물관을 짓고 개관하고 나니 이제는 걱정이 앞섰다.

처음 지을 때는 아무도 안 오면 '우리 부부가 큰 집에서 골동품과 문화재와 함께 산다고 생각하면 되지'하고 넉넉하게 생각했다. 하지만 막상 방배동 금싸라기 같은 땅도 담보로 잡히고, 남편의 퇴직금까지 한 번에 받아 박물관을 짓고 보니 '이렇게 한 보람도 없이 사람이 안 오면 어쩌나, 그냥 놔두면 될 일을 이렇게 크게 벌려 놓아 한 사람도 안 오면, 제일 먼저 가족들에게 면목 없어 어쩌나'하고 잠이 오지 않고 뜬눈으로 밤새 고민을 했다.

거기에다가 교통편도 좋지 않은 고양군 시골에 위치했고, 당시에는 이곳까지 들어오는 진입로에 큰 길 하나 없이 꼬불꼬

불한 골목길이었으니, 누가 여기에 올 것인가. 달리 홍보할 방법도 모르고 애가 탔다.

그래도 새벽에 눈을 뜨면 밖에 나가 박물관 경내를 돌아보며 나만의 감으로 고칠 것은 고치고, 나무들 위치도 옮겨 심어가며 다시 일에 빠져들었다. 그 순간만은 세상의 모든 근심 걱정을 잊을 수 있었다.

사람의 그림자만 보여도 버선발로 뛰어나가 맞이할 판에, 그래도 지금까지 살아오면서 많은 사람들과 잘 지낸 덕에 아는 사람들이 찾아 주었다. 그리고 이곳을 다녀간 사람들의 입에서 입으로 홍보가 되어 조금씩 문화원이 세상에 알려지기 시작했다.

어느 날이었다. 영화배우 엄앵란씨가 우리 문화원을 찾아주었다. 연배도 비슷하고 통하는 점도 많아서 시간가는 줄 모르고 많은 이야기를 나누었다. 시집살이 이야기, 외교관 부인 노릇하느라 힘든 이야기, 문화원을 세운 일까지…….

그런데 며칠 후 KBS에서 한 통의 전화가 왔다. 우리 부부를 '아침마당'에 초대하고 싶다는 것이었다. 나는 어리둥절했다. 당시 이상벽, 정은아씨가 진행하던 'KBS 아침마당'이 최고의 전성기를 누리던 시절, 고정 패널이었던 엄앵란씨가 작가와 PD에게 우리 이야기를 한 것이다.

KBS 아침마당 출연 (1995.10.3.)

그날은 10월 3일 개천절이었다. 우리 부부는 생방송으로 진행되는 '아침마당, 화요 스페셜'에 출연하기 위해 일찌감치 방송국에 도착했다. 남편은 워낙 타고난 사교가에 언변도 뛰어나 걱정 없었지만, 나는 이러한 일에 익숙치 않아 사시나무 떨 듯 떨었다.

어떻게 지났는지 모르게 묻고 답하는 사이 생방송이 거의 다 끝날 무렵이었다. 미리 준비된 대본은 아무것도 없었지만 작가가 우리에게 유일하게 부탁한 것이 바로 서로에게 편지를 써오라는 것이었다.

나는 한두 줄로 간단히 써 갔는데, 남편은 정성스럽게 빼곡히 편지지 두어 장을 채워왔다. 불이 꺼지고 배경음악이 잔잔히 깔리면서 이상벽 아나운서가 차분한 음성으로 그 편지를 읽는 순간. 그만 눈물샘이 터지고 말았다.

사랑하는 아내에게.

　세월이 유수 같다고들 이야기하지만 어쩌면 우리가 함께 꾸려온 인생도 참으로 빨리 흘러가는 듯하오.
　결혼한 지 삼십팔년이 지났고 서로를 사모하던 시절까지 생각을 하면은 내 인생 전부 같구려.
　큰 집안의 맏며느리로서 연약한 나이와 몸으로 들어와 다 쓰러져가던 헌집을 고치고 셋방을 만들어 살림을 도왔고 애아범으로 유학을 떠나게끔 길을 터 주었고 그리곤 삼십여년 가난하던 나라의 외교관 부인으로서 몸과 정열로 남편의 활동을 뒷바라지하여 주었던 당신.
　이제는 편안히 평소 그리웠던 조국에서 취미 생활이나 해보고 싶은 그런 소망도 문화원 건립과 운영, 발전에 또 몸을 깨고 있는 당신. 이게 당신 팔자인가 보오. 일을 벌이면 아직 부대끼는 게 많은 우리 사회의 현실인데 이제 좀 슬슬 건강에도 신경 써 가며 그 많은 모임에도 나가 맛있는 음식도 들고 여행도 하고, 음악이나 연극도 감상하고 좀 여유 있게 살아 보구려.

생방송이라 울면 안 되는데, 내 의지와는 다르게 눈물은 자꾸만 나왔다. 어찌나 창피했던지 그 후로 한 동안 그 녹화 테이프를 못 볼 정도였다.

그런데 그날 생방송을 마치고 문화원으로 돌아왔을 때였다. 개천절이라 공휴일 아침에 방송을 본 사람들로 문화원이 인산인해를 이루는 것이 아닌가! 방송의 위력을 새삼 실감할 수 있었다.

이후로도 'KBS 일요스페셜'에서 제작진이 거의 한달 간 문화원 근처에 머물며 제작한 '잃어버린 세계를 찾아서―마야, 잉카'라는 제목의 다큐멘터리는 중남미문화원을 소개하고, 남편의 외교관 생활과 정년의 의미를 조명해 보는 작품이었다. 그 밖에도 'EBS 인생노트'를 비롯해서 많은 언론에 중남미문화원이 소개되었다.

얼마 후에는 리빙 전문 월간지 〈행복이 가득한 집〉에서 중남미 요리 강습을 해 달라는 요청도 받았다. 요리 전문가도 아닌 내가 무엇을 할까 고심하던 중 박물관이 들어서기 전 가든 클럽 모임에서 했던 '빠에야'가 생각났다.

원래 스페인 발렌시아 지방의 대표 요리인 빠에야는 발렌시아어로 '프라이팬'이라는 뜻이라고 한다. 이제는 스페인의 오랜 식민 지배를 거치면서 중남미를 대표하는 음식이 되었다.

가든클럽 모임에서 (1994.10)

우리나라 요리에 비해 시간과 잔손이 많이 가지 않고도 푸짐하게 먹을 수 있는 이 음식은 샤프란을 넣어 잘 볶은 쌀에 삶은 새우, 오징어, 홍합을 잘 섞고 피망과 완두콩으로 장식을 하는데 재료가 많이 들지 않아 미리 준비하기도 간단하고 남는 음식도 적어서 경제적이고 위생적인 요리다.

잡지사에서 관광버스로 주부들을 문화원에 데리고 와 박물관 지하 세미나실에서 요리 강습을 했다. 이 강습이 잡지에 나가자 중남미문화원을 찾는 사람들이 더욱 많아지기 시작했다. 그때부터 예약하는 손님에 한해서 빠에야를 먹게 했는데, 음식

또한 문화의 큰 부분을 차지하기 때문에 좋은 반응을 불러 일으켰다.

나는 일일이 식사하는 손님들에게 찾아와 줘서 고맙다는 인사를 한 후, 이 요리의 취지를 설명하면서 복잡한 상차리기나 음식물 쓰레기가 많이 나오는 우리나라 음식 문화를 바꾸자고 역설했다.

외교관 시절, 대사관저에서 만찬을 할 때, 특히 고국에서 온 고위공직자를 대접하는 경우에 상다리가 부러지도록 차려야 대접을 잘 받았다고 여기는 모습을 보며, 남아서 버리는 음식이 태반인 우리나라 음식문화를 개선해야 한다는 생각을 해 왔었다.

외국의 파티 문화를 보면, 부부동반 손님을 초대할 때 칵테일파티 문화가 있어서 와인이나 칵테일에 간단한 안주를 곁들이며 손님과 주인이 더불어 이야기꽃을 피운다. 메인 요리도 뷔페식 상차림으로 간단하고 음식 쓰레기도 줄어드는 일석이조일 뿐만 아니라, 손님이 오면 늘 부엌에만 매여 있는 우리나라의 안주인에 남자들끼리만 모이는 사교문화와 비교하더라도 훨씬 합리적이라는 생각을 가지고 있었다.

남 앞에 나서는 것을 싫어하던 나는 처음에는 많은 사람들을 쳐다보지도 못하고, 다리가 후들거리고 목소리도 잘 나오지 않았다. 하지만 여러 번 하다 보니 익숙해졌고, 평소 말하고 싶었던 나의 생각을 꾸밈없는 직설적 말투로 표현하자 사람들이 좋아했다. 특히, 박물관을 세우면서 뼈저리게 느꼈던 우리나라 기부문화에 대한 내 생각, 소득은 높아졌지만 문화적으로는 여전히 빈곤한 사회 분위기에 대해 이야기하다 보면 젊은 주부들은 박수를 치며 좋아하기도 했다.

처음 빠에야를 시작할 때부터 예약제로 했는데, 예약 문화에 익숙치 않아서인지 예약해 놓고 취소 전화도 없이 오지 않아 속상한 적도 많았지만 지금까지 예약제를 고수하고 있다. 20여 년이 지난 지금은 예약 문화가 많이 정착되어, 그것에 일조했다는 자부심도 갖는다.

20년이 지난 지금도 변하지 않는 메뉴와 맛이 가능했던 건 역시 우리 주방장의 공이 크다고 할 수 있다. 처음 박물관을 설립하고 이 문화원과 희로애락을 함께 했던 주방장 이청자는, 40대 초반에 여기에 와서 이제 환갑을 바라보는 나이가 되었다.

내가 빠에야 만드는 법을 가르쳐 주었지만, 본래 솜씨 또한 좋아서 그 맛 그대로 언제나 변함없이 문화원을 대표하는 또 하나의 '문화 상품'으로 자리 잡게 되었다. 그간 많은 우여곡절도 있었지만 20여 년 동안 결근 한 번 없이 성실하게 내 곁에 있어준 이청자 주방장은 내게 큰 힘이 되었다. 감사의 마음을 전하고 싶다.

2001년 문화원에 조각공원이 생긴 후에는 방문객이 더욱 증가하고 다양한 연령층이 찾기 시작했다. 문화원 레스토랑에서 미리 예약을 해야만 먹을 수 있는 빠에야는 와인, 샐러드, 숯불에 구운 스테이크와 과일 후식, 커피가 곁들여지는 풀코스 요리이다.

선뜻 먹기에는 빠에야의 가격이 약간 부담스러울 수 있어, 가족이나 젊은 연인, 친구들이 주말을 이용해 문화원에 오면, 부담 없이 앉아서 먹을 수 있는 먹거리가 있었으면 좋겠다는 생각을 늘 했었다. 특히 어린이와 함께 오는 젊은 부부들이 먹을 것이 마땅치 않아 허전해 하는 것을 보고 많은 고민을 했다.

가난했던 어린 시절, 잘 사는 외갓집에 가면 외할아버지는 친손주에게는 사탕을 두 개 주시고 외손녀인 나에게는 한 개만 주셨다. 어린 시절에 가장 서러운 것은 뭐니 뭐니 해도 먹는 것에 대한 차별이었다.

그래서 누구나 차별받지 않고 쉽게 사 먹을 수 있는 '따꼬' (옥수수 밀전병 또르띠아에 여러 가지 볶은 야채와 고기를 함께 싸서 살사 소스와 함께 먹는 멕시코 음식) 하우스를 설치해서, 가족과 젊은 친구들이 문화원을 많이 찾는 주말과 공휴일에만 오픈하기로 했다. 비싼 음식, 싼 음식 위화감을 조성하지 않으려는 나의 세심한 배려임을 말하고 싶다.

'따꼬 하우스'를 만들 적당한 위치를 찾다가, 우리 부부가 살던 문화원 안의 살림집을 리모델링해서 따꼬 하우스로 만들었고, 우리는 미술관 건물 지하 좁은 공간에 살림집을 마련해서 지하 생활을 시작했다.

따꼬 요리법을 배우고 요리기구도 현지에서 모두 사오기 위해 멕시코로 갔다. 좀 더 싸고 좋은 물건을 사기 위해 젊은이들도 따라오지 못할 만큼, 나는 듯 펄펄 거리며 시장 곳곳을 뛰어다녔다. 그리고 밤 8시가 되면 앓는 소리를 내며 잠이 들었다. 남편은 그런 나를 안쓰러워하며 아침엔 60대, 낮에는 30대, 밤에는 80대가 된다고 했다.

주말이면 아들 종훈이가 밝은 얼굴로 따꼬 요리사가 되어 봉사해 주고 있다. 나무 그늘 아래서 또는 하우스 안에서 어린 아이를 데리고 온 젊은 부부들, 젊은 친구나 연인들이 정답게 앉아서 오순도순 맛있게 먹는 모습은 그 자체로 아름다운 한 폭의 수채화 같다.

내 생명과 같은 문화원에 대한 나의 사랑을, 누구보다 이해해 주고 나의 뜻을 따라 준 아들이다. 주말에는 쉬고 싶은 생각도 접어 두고, 뜨거운 불 앞에서 따꼬 요리를 만들며 땀 흘리는

아들의 깊은 마음을 이 어미가 어찌 모를까. 그래서 난 아들이
무척 자랑스럽다.

따꼬 하우스 전경

미술관 개관과 함께 닥친 IMF의 시련

붉은색 파벽돌로 지어진 중남미풍의 박물관에는 기원전부터 기원후에 이르는 마야, 아즈텍, 잉카의 유물들이 전시되어 있다. 이 박물관은 아시아 지역에서 유일한 중남미 문화 박물관이다. 일본과 중국에서도 방문하는 이들이 늘고 있다.

그러나 경기도와 대한민국을 넘어서 세계적으로도 알려지고 있는 박물관의 위상과는 다르게, 진입로가 기존 주택가의 좁은 골목길이라 여전히 교통이 불편했다.

하지만, 처해진 조건만 불평할 수는 없는 일. 나는 또 하나의 꿈을 실현시키고 싶었다. 중남미 역사 유물을 전시한 박물관을 세웠으니, 이번에는 근현대 화가들의 미술작품을 전시하는 미술관을 세우고 싶었다. 고대부터 현대까지 문화원에 모두 아우르고 싶은 꿈이었다.

우리나라도 소득 수준이 높아지고 문화에 대한 관심이 많아지면서 미술에 대한 대중적 관심이 높아지고 있지만, 아직도 유럽이나 미주의 몇몇 유명 작가들에만 국한되어 있는 상황이다.

'프리다 칼로'나 '페르난도 보테르'를 비롯한 몇몇 인기 작가들로 이제 서서히 중남미 미술이 알려지고 있지만, 아직 대부분의 작품들은 '돈이 되지 않는다'는 이유로 전시 공간을 얻기 어려운 것이 현실이다.

이렇게 예술 작품에도 '돈'이 우선인 시대이다 보니 그림의 가치도 돈으로만 평가되고, 작품을 소장할 때도 예술적 안목보다는 투자가치로 평가를 한다. 누구나 쉽게 저렴한 그림이라도 한 점 거실에 걸어 놓을 수 있는 예술의 대중화가 아직은 멀어 보였다.

누구보다 중남미 문화를 사랑하고 잘 아는 나는, 그들에게 전시 공간을 마련해 줘야겠다는 꿈을 실현하기로 마음먹었다. 박물관 옆에 향교가 마주 보이는 자리가 미술관에 안성맞춤이었다.

도로가 새로 건설된다는 소문이 나기 시작했던 터라 땅값이 더 오르기 전에 그 땅을 사고 싶었다. 박물관을 설계한 건축가가 미술관 설계를 무료로 해 주겠다고 했다. 나는 9억여 원의 빚을 더 얻어 서둘러 그 땅을 매입하고 건축비로 사용했다. 방배동 땅을 50억원 정도에 팔겠다는 나름의 계산이 있었기 때문이다.

바로 미술관 건축이 시작되었고, 1997년 9월에는 드디어 미술관이 완공되어 개관전으로 멕시코의 화가 '모에다노'를 초청하여 전시회를 열었다. 그런데 미술관을 지은 지 두 달 만에 꿈에도 생각지 못했던 국가 비상사태인 IMF 위기가 온 나라에 휘몰아친 것이다.

공무원 출신인 우리 부부가 처음 박물관을 짓기 위한 자금은, 남편의 퇴직금과 내가 수집해 가지고 있던 한국 골동품을 판 돈, 거기에 방배동 내방역 사거리에 있던 땅에, SK 주유소를 짓는 조건으로 무이자 3년 거치 5년 상환하는 8억의 돈을 대출했다. 그 후 미술관을 짓기 위해 다시 9억을 대출했는데 때마침 닥친 IMF는 내게 사형수와 같은 불안과 고통을 예고하고 있었다.

문화원에 열중하느라 아들의 사업이 어떻게 돌아가는지 잘 알지 못했던 나는, 뒤늦게야 무역업을 하던 아들의 사업도 어려워졌다는 것을 알게 되었다. 그 와중에 밀어닥친 IMF는 불난 집에 기름통을 던져 넣는 격이 되어 버렸다. 인간관계는 다 사라지고 오로지 돈만이 절대적인, 빚 독촉에 시달리는 지옥 같은 하루하루가 시작됐다.

주유소 땅을 내 놓았지만, 50억 원을 호가하던 땅값이 이미 옛말이 되어 버리고 아무리 싸게 내놓아도 팔리지 않았다. 나는 문화체육부로 찾아가기로 작정했다. 문화부 장관이 주는 '우수 사립 박물관상'을 두 번이나 받았고, 우리의 엄청난 재산을 기부하며 사재를 털어 이 문화원을 지었으니, 문예진흥기금에서 조금이라도 이자가 싼 대출금을 얻어 보려는 심산이었다.

몇 날 며칠을 잠 못 이루며 고민한 끝에 국장을 찾아갔다. 나는 통 사정을 했다. 그는 내 사정을 다 듣고는 '다시 전화 드릴게요'라고 짧게 한마디 했다.

집에 돌아와서 벨이 울리면 설레는 마음으로 뛰어가 받기를 보름쯤은 했던 것 같다. 나는 '개인 재산을 다 기부해 이런 문화 시설을 만들었는데, 이 정도는 충분히 도와줄 수 있지 않은가'라고 생각했던 것이다. 이제는 그 생각이 얼마나 순진한 것인가 깨닫게 되었다.

매일 매일 고통스런 시간이 숨 막히게 흘러갔고, 24%의 이자까지 물면서도 버틸 수 있는 데까지 버텼다. 하지만 결국 땅이 팔리지 않았고 이자가 밀리자 주유소 땅은 헐값에 경매를 당하고야 말았다. 박물관, 미술관을 겁 없이 빚내어 지으며 땅을 팔아서 다 갚을 수 있다고 든든해하던 바로 그 내방역 SK 주유소 금싸라기 땅이 경매에 넘어간 것이다.

미술관 완공 (1997.10)

이제 내게 고스란히 남은 것은 20억이 넘는 빚과, 다달이 내야 하는 높은 이율의 이자였다. 설상가상으로 경매로 넘어가서 빼앗겼다고 생각한 땅에 대해서도 엄청난 양도소득세를 내라는 통지서가 날아들었다.

끝도 없이 밀어닥치는 고통 속에서 나의 자책감은 커져만

갔다. 내가 문화원에만 혼신을 다하느라 주유소 사업을 돌보지 못했다는 자책감이었다. 내가 좀 더 일찍 알았더라면, 이 지경까지는 오지 않았을 것이라는 후회로 땅을 치고 통곡했지만 아무것도 되돌릴 수는 없었다. 그리고 우리를 도와주는 사람은 아무도, 아무도 없었다.

미술관 내부

오직 꿈을 꿀 때, 고통을 이겨낼 수 있다

　믿었던 사람도, 피 붙이도 돈과 관련된 채권자라는 입장에서는, 인정사정도 없다는 냉혹한 현실 앞에 너무나 사람이 무서워졌다. 무엇이든 잘 먹던 입맛도 잃어버려 밥 먹는 것도 싫어졌고, 몸뚱이 하나하나가 모두 해체되어 분해될 것 같았다. 여기저기 아파오기 시작했다.

　못 견디게 아프자 동네 병원을 찾아갔더니 의사가 어째서 이 지경이 되도록 있었냐며 종합 병원에 가보라고 질책했다. 강북 삼성병원에서는 갑상선 수치가 정상보다 다섯 배가 높고, 당뇨에 골다공증까지 있어서 넘어지기만 해도 뼈가 다 부스러질 정도라고 했다.

　거기에 더해 정신적인 우울증도 심각했는데, 치료를 받는 중에도 곧 죽을 것 같다는 생각이 자꾸만 들었다. 죽음을 생각하다보니 이 늙은 장기 뭐가 아까워서 죽은 다음에도 지니고 가겠는가.

'참으로 피나게 인내하며 열심히 살아온 나의 가슴을 열어 봐라. 천 원 하나 누구의 도움 없이, 있는 재산 몽땅 털어 문화 사업에 혼이 빠져 죽어간 내 시신을 해부해 보면, 내 속은 까맣게 타서 숯검정이 되어있겠지.'

나는 남편과 아들의 반대에도 불구하고 사인을 받아 1999년, 서울대병원에 시신 장기 기증 각서를 제출했다.

그러던 어느 날이었다. 지금 조각공원이 들어선 나무가 무성한 언덕길을 올라가고 있는데, 문득 나무들이 뿜어내는 생명의 기운이 내게로 스며듦을 느꼈다. 40여 년 전, 산골 동네 곳곳을 다니며 내가 입양해 온 자식과 같은 새끼 나무들이 이제는 무럭무럭 자라서 나를 향해 가지와 잎을 흔들며 기를 내뿜어 주고 있었다. 나는 걸음을 멈추고 깊이 들이마셨다. 나무들이 내뿜는 기운 속에서 중남미문화원은 나무들과 함께 영원히 남아 있을 것이라는 생각이 들었다. 그러자 문화원 곳곳에 흐르는 생명감이 나와 더불어 하나가 되는 것이 느껴졌다.

무겁던 육신과 마음이 시원해지면서 새로운 힘이 내 가슴 속 깊숙이 솟아나는 것을 발견했다. 내가 고통스럽다면 뭔가 내게 잘못된 것이 있을 것이다. 고통을 떨쳐내야 한다. 고통스러워만 하면 삶 전체를 놓치고 말 것이다. 삶은 오래 기다리지 않는다. 하나님이 창조하신 이 아름다운 나무와 꽃들 속에서 삶의 아름다움이 내 마음속에 들어와 속삭였다. 그 속삭임 속에서 하나님의 뜻을 발견했다.

나는 정신이 번쩍 났다. 하나님은 스스로 돕는 자를 돕는다. 아직은 죽을 때가 아니다. 이렇게 주저앉을 때가 아니다. 이 자리에 조각공원을 만들자. 내 마음에 다시금 꿈이 싹트기 시작했다. 빚까지 진 상태에서 또 무슨 일을 벌이려고 꿈을 꾸느냐. 내 안의 또 다른 내가 나무랐다. 그러나 꿈을 꾸는 데는 돈이 들지 않는다. 미국의 사상가 랄프 트라인의 글이 떠올랐다.

'그대 진정으로 원하는가? 그렇다면 지금 이 순간을 잡아라. 무엇을 하든 무엇을 꿈꾸든 지금 이 순간부터 시작하라.'

나는 병원에 다니면서도 꿈을 구체화시켰다. 내 나름대로 상상 속의 조각공원을 종이에 드로잉해 나가기 시작했다. 남편은 돈도 없고 다 죽게 생겼는데 또 뭘 그리느냐며 나를 질책했다. 그러나 꿈을 그리는 그 순간만큼은 아름다운 삶이 펼쳐져 행복해졌다. 아픈 몸과 우울증이 차츰 회복되기 시작했다. 지나친 일 욕심 때문에 내가 무너졌다고 생각했는데, 결국 일에 대한 새로운 꿈이 나를 다시 소생시켰다.

나는 남편을 설득했다. 이만큼 박물관과 미술관을 설립하고 중남미의 문화와 위상을 높이는데 기여했으니, 이제 중남미 국가들이 나설 차례라고 하면서, 각 국 조각을 기증 받자고 했다. 결국 남편은 대사관에 조각 기증을 요청하는 공문을 보냈고, 그 후 주한 칠레대사, 문정관, 주한 페루대사, 도미니카공화국 공사, 대사, 문정관 일행, 아르헨티나 국립극장장, 주한 에콰도르 대사대리 내외, 베네수엘라 대사 가족 등이 연이어 내방해 조각공원에 대한 구체적인 협의를 했다. 그들은 자국의 조각 작품을 쾌히 기증하기로 했다.

그러나 만만치 않은 배송비가 문제였는데, 한진해운에서 중남미로 수출하는 물량이 가고 오는 빈 컨테이너에 조각 작품을 실어 비용도 받지 않고 운송해 주었다.

마침내 중남미 12개국의 조각 작품이 하나 둘 문화원에 도착하기 시작했다. 베네수엘라의 작가 '빅토르 살라스(Victor Salas)'는 직접 내한하여 문화원 현장에서 천막을 치고 작품을 제작했고, '네 개의 바람'이라는 작품 역시 멕시코 작가 '호세 사깔(Jose Sacal)' 내외가 직접 내방하여 설치 레시피를 주며 설명해 주었다. 모두의 도움으로 거짓말처럼 꿈이 이루어졌다.

"태양의 천사" 작품을 설치하는 조각가 빅토르 살라스 (베네수엘라, 2000.6)

돈 한 푼 없는 나는 돈 안 들이고 조각공원의 조경공사를 하기 위해 시에 찾아갔다. 공공근로 지원을 받기 위해서였다. 시청 직원은 나에게 심의회에 나와서 설명을 해야 한다고 했다. 어려운 형편에 그보다 더한 일도 마다 않겠다는 심정으로 찾아갔다.

회의실에 들어가니 20여명의 위원들이 앉아 있었다. 나는 시험대에 오른 수험생 마냥 긴장하며 마이크를 잡고 덜덜 떨었다. 목마저 바짝바짝 타 들어갔지만, 침을 삼켜 가며 마음을 진정시키고 문화원의 어려운 사정을 호소했다. 바로 그때, 늙은이의 절박한 설명에도 불구하고 그 중 누군가가 "대사가 무슨 대사? 절에 있는 대사인줄 알았다."며 빈정대는 말투로 농담을 했다. 나는 그만 목이 콱 막혀 버렸다.

누군가는 입장료를 받고 있으니, 입장료를 안 받으면 백 명도 지원해 줄 수 있다고 하는 것이 아닌가! 나는 분노가 치밀어 올라 목이 메어 더 이상 말을 잇지 못했다. 그 모습이 안쓰러웠는지 시청 직원 하나가 나를 안내해 내려오게 했다. 어떻게 걸어 나왔는지, 내가 무슨 말을 했는지 기억이 나지 않았다. 내 나이 68세에 이런 몰상식한 수모를 당하다니, 복받치는 분함과 서러움에 체면도 잊고 시청 복도를 지나며 큰 소리로 엉엉 울었다. 수백억 재산을 사회에 다 내 놓고 알거지가 된 나에게, 돌아온 것은 박수가 아니라 조롱이란 말인가.

누가 시켜서도 누구에게 칭찬받으려고 한 것은 아니다. 내가 좋아서, 미쳐서 수십 년 간 수집한 문화재, 골동품을 나 혼자 보기에는 너무나 아깝고 소중해서 많은 사람들과 공유하고 싶어서 만든 문화원이 아니던가. 이제 이곳은 더 이상 내 개인의 것이 아니다. 경기도와 고양시의 자랑이자, 대한민국의 자랑이 된 곳이다. 누구의 지원 한 푼 받지 못하는데 입장료가 없으면 전기세, 수도세, 가스비, 전화비, 직원들 최소한의 인건비는 도대체 무엇으로 감당하란 말인가. 빚은 지고 은행이자는 꼬박꼬박 내야 하니 전기세가 밀려, 전기가 중단될 뻔한 적도 있었다. 끝내 공공근로 사업 지원을 받지 못한 이 사건은 내 가슴에 깊은 상처로 지금도 남아 있다.

아침 7시, 직원들이 출근하기 전 잔디를 실은 트럭이 도착하면, 남편과 나는 가서 잔디를 던지고 받으며 힘들었지만 열심히 내렸다. 인부들과 함께 흙을 파고, 나무를 심고 잔디를 깔며 새참으로 라면과 막걸리도 나눠 마셔가며 일했다. 한낮의 뜨거운 햇볕에 얼굴이 검게 그을리고 주름이 생겼지만 아랑곳하지 않았다. 비가 와서 온 몸이 젖어 산성비라 해롭다 한들 즐겁기만 했다.

조경의 완성과 더불어 조각대를 설치하기 위해 고민했다.

같은 모양, 같은 높이로 배치하고 보니 너무 일률적으로 보여 아니지 싶었다. 어떻게 해야 조각품도 돋보이고 전체적인 조화를 이뤄 낼 수 있을까? 그 생각으로 머리와 가슴이 가득 찼다. 한밤중에도 미친 여자처럼 뛰쳐나가 웅크리고 앉거나 서서 조각품을 앞뒤로, 또 옆에서 바라보며 위치와 높이를 재고 어떤 작품을 앞쪽에, 또는 뒤쪽에 놓아야하는가 그 생각에만 몰두했다. 그야말로 먹이를 쫓는 맹수가 되어 한 순간도 눈을 깜짝 할 겨를 없이 매달렸다.

극에 달하면 도가 통하는 법인가. 조각품 하나하나가 다른 나라에서 온 작품이니 만큼 각기 다른 특색과 리듬이 있었다. 그것에 따라 높고 낮음과 공간을 주니 작품이 더욱 살아났다.

하루 종일 그 일에 매달리며 반복하기를 수십 번. 조금 더 오른쪽으로, 아니 조금 왼쪽으로, 조금 더 뒤로, 아니 조금만 앞으로, 아니 안 되겠다. 아까 좀 전에 한 게 더 낫겠다. 아니, 아니야 다시…….

아무리 크고 무거운 돌이나 브론즈라도 마음에 안 들면 열 번, 스무 번 다시 옮기고 생각하며 일했다. 수십 년 전, 작은 나무 한 그루를 심어도 예사로 하지 않고 전체 지형에 맞춰 심고 자라게 해서, 오늘날 문화원의 조경을 이루어 냈던 것을 떠올리며, 매순간이 나의 시험대이자 도전이라고 생각했다. 그 꿈이 이루어지는 것이 나에게는 삶의 의미이기도 했다.

조각공원 기초 공사 (2000.6)

　마침내 조각공원 완성을 기념하는 개관식이 열렸다. 2001년 11월 9일, 그날은 나의 꿈이 현실로 이루어졌음을 확인하는 순간이기도 했다. 개관식에는 당시 김대중 대통령 부인 이희호 여사를 비롯해 경기도지사 내외와 중남미 외교관, 국내외 각계 인사 200여명이 참석하여 조각공원 오픈을 축하해 주었다.
　식전 행사로 남미의 악사 6명이, 화려한 민속의상을 입고 음악을 연주하는 한껏 열띤 분위기 속에서, 중남미 국가의 외교단들은 자국의 이름으로 서 있는 조각 작품을 보며 감격을 감추지 못했다. 그동안의 공사에 행사 준비까지 나의 몸은 극도로 지쳐 있었지만, 기뻐하는 사람들의 얼굴을 보며 활력을 얻을 수 있었다.

조각공원 완공 (2001.7)

    영부인께서 참석을 하다 보니 보안 문제가 특히 중요했다. 한 달 전부터 준비에 들어갔는데, 행사 참가자들에 대한 점검은 그렇다 치고, 행사 당일 유치원 어린이들과 학생 단체 관람이 문제가 된 것이다. 청와대 경호실에서는 보안문제로 오전부터 모든 관람객 입장을 금지시키라고 요구해 왔다.

    나는 영부인의 내방도 중요하지만, 어린이들과 학생들을 비롯한 일반 관람객의 입장도 소중하니 관람을 막을 수 없다고 주장했다. 경호실 직원에게 정부에서 나에게 시멘트 한 포대

준 적 있느냐며 따졌다. 조각공원 개관식은 오후 6시부터니 오전에 오는 일반관람객의 입장을 막는 것은 과잉 보안이라 따를 수 없다고 버텼다.

마침내 나의 주장을 관철시키며 계획한 대로 개관 행사를 무사히 잘 치를 수 있게 되었다. 1994년 박물관 개관과 비교했을 때 중남미문화원의 높아진 위상을 새삼 느낄 수 있었던 행사였다.

조각공원 오픈식, 대통령 영부인 이희호 여사, 경기도 지사, 고양 시장, 주한외교사절 (2001.11.9.)

멈추지 않는 전진

조각공원의 개관으로 중남미문화원은 한층 대중적 인지도를 높이며 더욱 많은 사람들이 찾는 명소가 되었다. 조형적인 아름다움이 더해진 자연과 더불어 고대문화 유물뿐만 아니라, 현대 작가들의 그림, 조각 작품을 감상할 수 있는 곳. 봄이면 목련과 함께 화려한 꽃들이 피고, 여름에는 짙푸른 녹음이, 가을에는 단풍이 가득하며, 겨울에는 조각 작품들과 어우러진 하얀 눈. 사계절마다 변화무쌍한 아름다움을 품는 공간으로 거듭나게 되었다.

2004년 9월, 전국 의상학과 교수들의 모임인 '한국패션문화협회' 주최 패션쇼를 이곳 조각공원에서 열기도 했다. 지금은 고인이 된 디자이너 앙드레김을 비롯해 유명 디자이너와 의상

개관 10주년 라틴아메리카 패션쇼
- 앙드레김, 패션문화협회 (2004.9)

학과 교수들, 중남미 외교관 등 많은 인사들이 참석했다. 이날 패션쇼는 조각공원의 길이 런웨이가 되어 중남미 색채와 문양을 테마로 했다. 화려한 의상을 입은 모델들이 조각과 함께 포즈를 취하다가 등장하는 퍼포먼스를 통해 조명과 조각과 의상이 어우러진 환상적인 종합 예술 작품 그 자체였다.

조각공원에서 패션쇼 장면

　조각공원을 만들며 고난을 극복하고 용기를 얻은 나는 여기에서 멈추지 않았다. 지나친 일 욕심으로 내가 무너졌다고 생각했는데, 나를 일으키고 살아 숨 쉬게 하는 원동력은 문화원에서 끊임없이 정열적으로 일할 때라는 것을 깨달았다. 조각공원을 오픈한 후 얼마 되지 않아, 아직 문화원에 남아있는 빈 땅을 활용해 종교관과 벽화 그리고 연구소를 지어야겠다는 구상을 하게 되었다.

　오랜 기간 스페인과 포르투갈을 비롯한 유럽의 식민 지배를 받았던 중남미 지역은 그 영향으로 98% 이상이 가톨릭 신앙을 가지고 있다. 문화원 곳곳에서 만날 수 있는 종교적인 성화와 십자가, 성모상들은 인디오 문화와 유럽 문화의 결합을 보여주는 아이콘이다.

   이런 중남미의 상징성뿐만 아니라, 내 개인적으로도 늘 문화원 안에 조용히 기도할 수 있는 공간을 마련하고 싶다는 소망을 품어왔었다. 이곳을 찾는 이들 누구나 종교가 있든 없든, 어떤 신을 믿든 상관없이 마음속으로 무언가를 간절히 기원하고 묵상하며 생각을 정리하는 공간을 만들고 싶었던 것이다.

   조각공원을 완공한 후 바로 본격적인 자료 수집에 나섰다. 현지에 가서 성당을 찾아다니며 사진을 찍고 스케치해 왔다. 하나하나 자료를 모아가며 구상하다 보면 하루해가 짧았다. 새벽에 눈 뜨자마자 모눈종이에 그림을 그려서 오리고 만들어 붙이기를 수차례. 박물관과 미술관을 지었던 경험을 바탕으로 드디어 '종교전시관'의 모형건축물을 만들었다.

종교관 설계 (2007.1)

위: 종교전시관 지붕 스케치
아래: 손때 묻었지만 소중히 간직하고 있는 종교전시관 모형

멕시코의 과달라하라에 갔을 때 우연히 '레따블로(Retablo: 성당 벽에 전시하는 종교화 또는 조각)' 작품을 본 순간, 종교관 건립의 꿈은 더욱 구체화되었다. 폭 4m50cm, 높이 6m50cm 의 목조각에 금과 채색을 입힌 라틴 바로크 양식의 화려한 이 제단은, 중남미 종교 미술품의 정수를 보여주는 작품이다. 워낙 거대하고 가격도 고가라 구입할 엄두가 나지 않던 차에, 문화원을 위해 항상 크고 작은 도움을 아끼지 않던 딸 미종이가 도와주겠다고 나섰다. 미국 뉴욕에서 패션사업을 하고 있는 딸이, 새벽부터 쉴 틈 없이 뛰며 어렵게 버는 돈을 생각하니 미안하고 고마운 마음에, 한 푼이라도 아껴 보려는 심정으로 4년을 협상하며 기다린 끝에 마침내 2004년 구입을 성사시켰다.

거대한 제단을 운반하기 위해, 8폭으로 나누어 나무 상자까지 맞춰 포장한 후 컨테이너에 실어 배로 가져왔고 이곳에서 재조립하였다. 그리고 종교관의 설계는 이 제단의 크기에 맞추어 했다. 400년 된 현지 성당에 있던 낡은 종, 스페인제 타일에 멕시코에서 가져온 고풍스런 목조각 문, 남미의 정열을 상징하는 듯한 붉은 파벽돌과 멕시코 '산 앙헬' 공방에서 주문 제작한 스테인드글라스, 현지 성당에서 사용했던 의자까지 들여왔다. 모방에서 그치지 않고 현지의 그것 그대로 재연하지 않으면 맘에 차지 않는 내가 아닌가. 앞서 건축한 건물들과 조각공원과 조화를 이루는 것도 간과해서는 안되었다.

제단, 레따블로(Retablo)
(450cm×650cm, 목조각에 채색, 멕시코, 과달라하라)

종교전시관 기초공사 (2009.12)

종교관 공사를 하는 일 년, 근처에서 아침 먹을 곳이 없다며 불평하는 인부들에게, 새벽 6시 반에 직접 밥을 차려주며 그들을 격려하며 사랑으로 대하면서 공사해 나갔다. 나는 그들에게 "이것은 분양하는 건물이 아니다. 천년이 넘어도 오래오래 보존해야 하니 벽돌 한 장, 한 장 예사로 쌓지 말고 잘해 달라."며 신신당부 했다. 진심은 서로 통하기 마련이기 때문이다.

19세기 식민지 독립 이후 멕시코에서는, 액자에 담아 벽에 거는 그림은 귀족의 그림이라고 생각한 예술가들이 대중을 위한 공공미술로 벽화 운동을 했다. 지금은 '프리다 칼로(Frida Kahlo)'의 남편으로 더 알려진 '디에고 리베라(Diego Rivera)'가 이 운동의 대표주자인데, '인디헤니스모(Indigenismo:아메리카 원주민 고유문화 부흥 운동)' 사상이 표현된 그의 벽화는 세계적인 명성을 안겨주며 멕시코를 대표하는 화가가 되었다.

종교전시관 완공 (2010.9)

종교전시관 내부

그래서 이번에는 벽화에 도전했다. 멕시코를 대표하는 미술 장르를 이곳에서 구현하고 싶다는 꿈을 가지고, 현지에서 화가를 초청해 제작하려는 계획도 세웠으나, 야외공원 전시라는 점을 생각해 볼 때 회화 벽화는 시간과 풍파로 쉽게 변색될 우려가 있었다.

밤낮으로 벽화 생각에 골몰해 있을 무렵, 우연한 기회에 마음에 드는 색감과 느낌을 가진 도예품을 발견하고는 무릎을 치며 아이디어를 떠올렸다. 그 작가를 수소문 한 끝에, 홍익대에서 도예를 전공한 전 충남대 교수 박종식 작가를 만났다. 그와 함께 아즈텍 달력, 마야의 상형문자, 가면 사진을 놓고 회의를 거듭하여 종교관과 비슷한 시기에 공사를 시작했다. 마침내 가로 23m, 세로 5m 길이의 고열 도자로 만든 세라믹 벽화를 2년 만에 완성하게 되었다. 종교관과 벽화의 완성을 통해, 이 중남미문화원은 역사와 문화를 아울러 중남미 문화 모두를 담아내는 공간이 되었다고 자부한다.

중남미문화원을 배경으로 드라마나 영화촬영, 광고, 패션화보 장소 협찬 요청이 쇄도하고 있지만 모두 거절했다. 이곳은 단순한 눈요깃감이나 예쁜 배경화면이 필요한 상업적 목적을 위한 장소로 제공하고 싶지 않기 때문이다. 먼 길을 마다앉고 찾아오는 방문객들의 정신적인 안식처이자 마음의 휴식 공간인 것이다.

마야,아즈텍,잉카 세라믹 벽화 (23m×5m, 2011.5)

마지막으로 미술관 옆에 자그마한 연구소를 완공했다. 그동안 모아온 중남미 예술, 문화 관련 도서와 함께 문화원의 역사, 남편의 외교관으로서의 역사가 고스란히 담긴 자료가 보관되어 있어서 나중에 기념관으로 쓸 계획이다. 그리고 따꼬하우스 오픈으로 지난 10년간 미술관 지하에 살던 우리 부부도 연구소 안에 마련한 공간으로 거처를 옮겼다.

2011년 5월 19일, 드디어 2년간의 공사를 마친 종교관, 벽화와 연구소 개막을 축하하는 행사를 열었다. 사실, 2011년은 남편의 팔순이어서 그에 맞춰 개관하려고 더 열심히 노력했다. 그래서 아무에게도 알리지는 않았지만, 우리에게는 이 개관 행사가 팔순 잔치와 겸하게 된 뜻 깊은 행사였다.

마침 국내에서 중남미 고위 포럼이 열린 차에 중남미 지역 16개국 관료와 외교관을 비롯한 많은 국내외 인사들이 참석해 자리를 빛내 주었다. 특히 코스타리카 파비오 부통령의 참석은 우리 두 내외에게 큰 격려가 되었다. 그는 당시 SBS '모닝와이드'와의 인터뷰를 통해 "유럽의 어느 박물관, 미술관도 안팎으로 고루 아름다운 이 중남미문화원만한 곳은 찾아보기 어렵다."며 극찬을 해 주었다. 150명의 만찬 준비와 행사로 고달팠지만 이런 격려가 있기에 힘을 얻게 되며, 나아가 국위를 선양했다는 자부심도 갖게 되었다.

종교관 오픈 기념 행사 (2011.5.19.)
(코스타리카 파비오 부통령 내외, 고양시장, 경기도지사 부인)

종교관 오픈 기념 만찬 행사, 테너 임웅균 (박물관 중앙홀, 2011.5.19)

중남미문화원의
어제와 오늘, 그리고 내일

중남미문화원을 시작할 때 환갑이었던 내가 어느덧 팔순이다. 내 인생의 전부인 곳, 한 여인의 꿈을 향한 일생의 집약체인 이곳에는 나의 행복과 좌절, 기쁨과 눈물이 모두 녹아 있다.

이제 서서히 내 인생도 마무리 할 때가 왔다는 생각이 드는 것은, 어느 누구도 거역할 수 없는 자연의 순리임을 잘 알고 있기 때문이다. 그렇기에 나와 한 몸인 이곳 중남미문화원도 내가 없을 때를 서서히 준비해 나가고 있다.

주변의 만류에도 불구하고, 2년여를 꼬박 공사에만 매달려가며 남편의 팔순에 맞춰 종교관, 벽화, 연구소를 2011년 완공한 것도, 내 생전에 문화원의 완성을 보고 싶었기에 혼신의 힘을 다 하였다. 경제적인 여유가 있어서 했던 것도 아니었다. 오히려 경제적 어려움 속에서도, 내가 꿈꾸며 계획했던 문화원의 완성을 눈앞에서 볼 수 있어 더욱 값지고 결코 후회하지 않는다.

가든클럽 회원들과 함께. 가든클럽은 미국, 일본, 러시아 등 20여개국 대사 부인들과 고 이범석, 유종하 전 외교부 장관 부인 등 정계와 그 밖의 재계, 문화계를 대표하는 부인들이 국제 친선 도모를 위해 만든 모임이다. (2013.5.24)

지난 20년을 돌이켜보면 눈물도 많이 뿌렸지만, 내 삶의 원동력도 이곳에서 얻었다. 때로는 이곳에서 나를 가슴 아프게 하는 사람도 만나고, 나를 웃음 짓게 하고 행복하게 해주는 사람들도 만났다.

어떤 이들은 "대체 이곳 땅이 몇 평이냐? 땅 값과 유물 값이

어마어마하겠다." 하며 "정말 이 모든 것을 개인이 만들었고 사회에 환원한 것이 맞느냐?"고 묻곤 한다. 그런 이들에게 되묻고 싶다. 당신은 이 세상 떠날 때 땅뙈기 한 평, 동전 한 닢 가져 갈 수 있는가? 우리 모두 빈손으로 왔다가 빈손으로 가는 것을. 이곳 중남미문화원은 토지 용도를 문화시설로 지정하여 문화 관련 시설물 외에는 건축할 수 없다. 땅값이 오르면 탐욕이 생기고 분쟁의 씨앗이 되는 것을 왜 사람들은 모를까?

나의 진심을 몰라주는 이들에게 속이 상하다가도 햇살 속에서 즐겁게 웃고 사진 찍는 유치원 아이들을 만날 때면,
"나 이거 만든 할머니야. 이다음에 너희들이 커서 시집, 장가간 후 너희 아이들 하고 여기에 다시 오면, 이곳을 만든 할머니 만났었다고 얘기해 줄래?"하면 "네!"하고 밝게 대답해 주는 아이들에게서 다시금 커다란 행복과 기쁨의 에너지를 얻는다.
그리고는 '그래, 너희가 크면 이 세상은 달라져 있겠지.'라고 중얼거리며, 돈 많고 마음 씀씀이 가난한 부자보다 나눌 줄 아는 마음의 부자가 더 존중받고 인정받는 세상을 꿈꿔본다.

그 동안 문화원을 경영하며 세상과 끊임없이 타협을 요구하는 많은 도전이 있었지만, 내가 가진 몇 가지 원칙만은 반드시 지켜나갔다.

어린이들에게 체험학습 지도하는 모습(2009.11)

어린 학생들은 중남미문화원의 미래다

우리 문화원은 전시만 하는 공간을 넘어서 많은 고위 인사들과 외교단을 초청하는 행사를 자주 여는, 민간 외교센터로서의 역할도 하고 있다. 국내에서 열리는 국제관련, 특히 중남미 관련 행사에서 남편은 중남미 지역의 최고 전문가로, 우리 문화원은 아시아 유일의 중남미 테마 예술 공간으로 관련 행사 요청도 많이 받고 있다.

이렇다 보니 행사가 많아, 일 년이면 서너 차례 국내외 최고의 음악가들이 참석하는 음악회나 리셉션을 연다. 그 동안 서른 번 가까이 행사를 하며 가진 원칙은, 반드시 '자선 음악회' 뿐이었다. '개인 리사이틀'이나 상업적인 목적의 음악회는 단 한 번도 열지 않았다.

박물관에는 1876년에 만들어진 137년 된 '스타인웨이' 피아노가 자리하고 있다. 이 피아노는 아르헨티나에서 근무하던 시절부터 함께 하다가 머나먼 이곳까지 건너와 문화원과 함께 세월을 보내고 있다. 우리 문화원에서 열리는 음악회에서는 항상 이 피아노만 고집한다. 물론 아무리 좋은 명품 수제 피아노지만, 세월 앞에는 장사가 없는 법, 조율을 하더라도 피아니스트에겐 성에 차지 않을 수도 있을 것이다. 그래서 피아노에 관해 다른 요구가 있을 때면 나는 개인 리사이틀이 아니고 자선음악회라며 '노'라고 항상 당당하게 말한다.

피아니스트 백건우. 1876년 제작된 스타인웨이 피아노 (2011.12)

    20여 년 간 문화원이 굳건히 설 수 있도록 수고해준 우리 직원들에게도 감사의 인사를 전한다. 비록 나는 고용주이고 그들은 고용인이지만 그것을 뛰어넘는 끈끈한 가족애가 우리 문화원의 커다란 원동력이다. 자식처럼 그들을 아끼고, 부모처럼 우리를 존경하며 따라와 주는 직원들이 있기에 '더불어 선'을 이루며 문화원을 이끌어 나갈 수 있었다.

    나는 죽고 나면 시신, 장기 기증을 한 후 화장하여 한줌 재가 되어 문화원 종교관 앞 십자가 아래 묻히려고 한다. 나는 직원들에게 농담으로 "나 죽고 난 후에도 내 영혼은 계속 문화원에 남아 있을 거야. 혹시 너희들이 잘못하면 머리 풀고 쫓아다

종교관 앞 십자가

닐 테야!"라고 말해 한바탕 웃기도 했었다. 같이 웃으면서도 마음속으로는 나의 문화원 사랑을 잘 알기에 그냥 농담으로만 웃어넘길 수 없는 애잔한 마음을 가지는 것 또한 우리 문화원 식구들이다.

처음 이 문화원을 세우는 순간부터 한결같이 변하지 않은 '문화는 소유가 아닌 나눔이다'라는 나의 철학은 이제 마지막으로 남은 꿈인 장학재단을 만드는 것으로 마무리하고 싶다.

원래 계획은 남부순환도로가 개통되기 전부터 가지고 있던 방배동에 위치한 임야 포함 만평의 토지에 미술관을 짓고 넓은 야외 공원에 미술 시장을 열어 미술관에는 국내외 유수의 작가들 작품을 전시하고, 야외 공원에서는 학생들이 주도하는 미술 시장을 만들고자 했었다.

외국 어디서나 쉽게 접할 수 있는 미술 시장은 가난한 작가들에게 좋은 수입원이자, 관광객에게는 더없이 좋은 관광지이기도 하다. 화려하고 담 높은 미술관 뒤에 드리워진 그늘처럼 늘 아쉬운 부분이었다. 음악이나 미술을 공부하려면 부잣집 자녀만 할 수 있다는 생각이 뿌리 깊은 우리 현실 속에서, 재능은 있으나 가난한 학생들이 예술의 꿈을 펼치는데 조금이나마 도움이 되고 싶었다.

어려운 형편의 미술학도들에게 전시공간을 겸한 미술시장을
마련해 주고 싶어 설계했던 방배동의 미술관 조감도.

    2000년, 어려운 여건 속에서도 방배동에 미술시장을 겸한
미술관을 짓기 위해 많은 노력을 기울였으나 행정적으로나 경
제적으로나 여러 가지 현실적인 문제에 부딪치며 실행하지 못
했다. 더 이상 세월은 나를 기다려 주지 않기에 문화원에 마지
막으로 공사를 마무리하고 방배동 토지를 정리하여 장학재단
을 만드는 것으로 나의 마지막 꿈을 수정했다.

요즘 같은 어려운 시대에 많은 젊은이들이 자신의 처지에 한숨짓고 있다. 돈이 없으면 꿈을 펼치기 어려운 세상이라며 꿈을 포기하기도 한다. 나 홍갑표가 살아온 길이 이 시대를 살아가는 젊은 세대에게 작은 희망과 위안이 되고 '꿈꿔라. 꿈꾸는데 돈 드니?'라는 메시지를 전달할 수 있다면 그것으로 족하다. 마지막 꿈을 이루어서 장학재단을 통해 어려운 학생들을 돕고 그들이 문화원을 사랑하는 주춧돌로 자리 잡아 준다면 더 이상 아무것도 바랄 것이 없다.

이제 우리 부부에게 개인적인 재산이나 소유물은 남아 있지 않다. 그러나 이 세상에서 가장 행복한 여생을 마무리하는 노인이 있다면, 바로 우리 부부라고 자신 있게 말할 수 있다.

아시아를 넘어 세계에서도 유일하게 중남미 유물부터 현대 미술 작품까지 포함하는 전시와, 더불어 아름다운 자연과 사계절을 만끽할 수 있는 중남미문화원. 우리 부부가 이 세상에 없더라도 대한민국 국민 모두가 이 문화원의 주인이 되어 이곳을 지켜주고 영원히 사랑해 주었으면 한다.

나는 남미의 태양을 사랑한다. 남미의 정열은 곧 태양과 같다. 약간은 게을러 보이는 듯하지만 '내일 일은 내일 걱정'하는 그들의 긍정적이고 밝은 삶의 자세는 우리가 본받아야 한다. 비록 가난하지만 자신의 처지를 비관하거나 강퍅하지 않으며, 주어진 삶에 언제나 감사하는 따뜻한 남미 사람들. 누군가는 '그러니까 그들이 가난하지 않느냐'라고 항변할지도 모르겠다. 그러나 앞만 보고, 위만 쳐다보고 달려온 우리네 삶이 그들보다 조금 더 잘 산다고 해서 과연 더 행복한가?

가장 낮은 곳에 오셔서, 우리 모두의 친구, 치유자, 위로자가 되신 예수님의 삶을 묵상하며, 내가 할 수 있는 것에 대해 늘 고민하고 성찰한다. 사랑하는 자녀에게는 고난과 함께 축복을 주신다는 말씀처럼, 고난을 극복하는 과정 속에서 진정한 행복의 의미에 대해 마음 깊이 깨닫게 해주신 그분께 진심으로 감사드리며, 중남미문화원은 어제도 오늘도 내일도 언제나 하나님이 함께 해 주시리라 믿는다. 그러기에 나는 오늘도 주어진 하루를 감사하며 중남미문화원과 함께 한다.

아내의 책에 부치면서

　　30대서부터 품었던 아내의 꿈은 그저 잘 살아보겠다는 것보다 무언가 큰 뜻을 이루어 보겠다는데 있었다고 생각된다. 이제 팔십의 나이인데 아직도 꿈을 꾸고 있다. 문화원을 찾아오는 많은 사람들, 특히 젊은이들에게 "꿈을 꿔라. 꿈꾸는데 돈 들어가니?" "문화는 나눔이다"하고 외친다.

　　반세기 하고도 5년 넘게 삶을 함께 해 온 우리 인생길에서 아내의 꿈은 참으로 태양 같은 열정으로 이루어졌고 한 여인으로서 대견한 일이다. 사람 사는 세상 속에서 우리도 별 수 없이 이 일 저 일 어려움도 겪었으나 아내는 꿋꿋한 의지와 헌신적인 노력으로 그의 꿈을 이루게 되었다.

　　빈털터리 구가(舊家)의 맏며느리로 시집와 혼자되신 시할머니, 시어머니, 시누이 밑에서 빈 칸에 셋방을 들여 수입을 창출하고 남편의 유학길을 터주었으며, 40년 공직생활 동안 내조와 두 자녀 양육 뒷받침에 정성을 쏟아왔다.

　　20년 전 오랜 외교관 생활에서 퇴임 후 많은 세월을 보낸 중남미 지역의 문화를 우리 국민들에게 소개하고 문화 교류에 기여하고자 1970년대 마련한 벽제 수목 농장에 박물관을 짓고 이어 미술관-조각공원-Capilla 소성당, 종교미술관-도예벽화-연구소로 이어진 증축이 2011년까지 이어졌다.

그동안 한숨 쉴 틈도 없이 달려온 셈이다. 이제 국내뿐만 아니라 세계적으로도 독특한 중남미 문화 테마 공간으로 발전하였다. 건물들의 실질적인 설계, 시공, 조경 등 거의 모든 구상과 실체가 아내의 꿈속에서 일어났다. 중남미의 고대-식민기- 그리고 근, 현대 미술품 수집은 퇴임 후에도 이어져 전직 외교관 내외의 컬렉션으로서는 방대한 규모라 할 수 있다. 우리 국민들의 건전하고 균형 있는 국제화, 세계화에, 그리고 날로 증진하는 중남미 국가와의 교류에 이바지 할 수 있어 큰 보람을 느낀다.

지을 때 못지않게 유지 관리하는데 허리가 부러질듯하지만 각 계 각 층의 사람들이 중남미 문화를 체험하고 정성스레 가꾸어진 정원을 산책하며 일부러 우리 내외를 찾아 이러한 문화 공간을 만들어 준 것에 대하여 고맙다고 할 때 보람을 느끼고 견디어 나갈 힘이 솟는다.

우리는 오늘날까지 매우 검소한 생활 속에 살아왔으며 한 번도 골프나 헬스 회원권조차 가져 본 적 없다. 아파트 한 채 분양 받은 바 없으며 분수에 맞게 소박하게 살아오면서 여생을 오로지 문화원 운영과 발전에 이바지 하면서 살고 있다. 아내에게 감사한다.

팔십을 넘기면서 기력이 전과 같지 않으나 올해도 43년 전에 우리가 심은 나무들 중 1,044주의 관상수 전지는 늦가을까지 내 손으로 가꾸어 나갈 것으로 작심한다. 퇴임 후 2년 전까지 중남미와 관계되는 많은 나라 일에 직간접적으로 뛰어다니던 일도 큰 보람 있었고 나라에 감사한다. 이제는 틈틈이 문화원에서 때로는 외부에 교류 협력, 국내 박물관 발전을 위한 협력 등 현역 못지않게 바쁘고 보람된 나날을 지내고 있고 관련 서적 탐독, 인터넷에서 관련 정보 검색 등으로 세계 속의 우리 현실과 미래를 생각하며 하루하루를 보낼 때 치매 걸릴 시간도 없다.

아내의 책이 많은 사람들, 특히 젊은이들이 읽고 자라나는 데 도움이 되었으면 하면서 문화원을 설립하고 운영하는 기간 중 얻은 소중한 여러 사람들의 따뜻한 우정에 진심으로 감사드린다.

재단법인 중남미문화원장
전 주 멕시코 대사
이복형